POLYGLOTT on tour

Karl Teuschl

Florida

Symbol	Bedeutung	Symbol	Bedeutung
☆	Top 12	🍴	Restaurant
★	besonderer Tipp	🏠	Unterkunft
⚡	Warnung	🌙	Nightlife
i	Info	🎁	Shopping
!	Hinweis	📚	Literatur

POLYGLOTT-Top 12   Umschlagklappe vorne

Specials
Von Manatis und Badeschwämmen	**Seite 6**
Spaß im Sand: aktiv oder romantisch	**Seite 8**
Tropische Nächte und bunte Drinks	**Seite 10**

Allgemeines

Florida – Amerikas Sonnenstaat	**Seite 12**
Lage und Landschaft · Klima und Reisezeit · Natur und Umwelt · Bevölkerung · Wirtschaft · Staatsform	
Geschichte im Überblick	**Seite 20**
Kultur gestern und heute	**Seite 22**
Phantasiewelten · »Papa« Hemingway in Key West	
Essen und Trinken	**Seite 24**
Viele frische Zutaten · Regionale Spezialitäten · Karibische Cocktails	
Urlaub aktiv	**Seite 26**
Tauchen und Schnorcheln · Kanu fahren · Sport zu Lande	
Unterkunft	**Seite 28**
Hotels und Motels · Bed & Breakfast · Jugendherbergen · Camping	
Reisewege und Verkehrsmittel	**Seite 30**
Anreise · Reisen im Land	
Infos von A–Z	**Seite 96**
Mini-Dolmetscher	**Seite 102**
Register	**Seite 104**
Das System der POLYGLOTT-Sterne	**Umschlagklappe vorne**
Florida im Internet	**Umschlagklappe hinten**

Städtebeschreibungen

Miami und Miami Beach – Glitzerwelt und Sonnenstrände   Seite 32

Ewig strahlende Sonne, endlose weiße Strände, bunt gekleidete, braun gebrannte Menschen auf Surfbrettern oder Rollschuhen, Szeneleben in zahllosen Terrassenlokalen und Cafés – das ist Miami.

Orlando – Das Königreich der Mickey Mouse   Seite 42

Die eigentlichen Sehenswürdigkeiten Orlandos sind die blitzblanken Vergnügungswelten der Themenparks. Walt Disney lässt grüßen!

Touren

Tour 1
Die Inseln der Florida Keys   Seite 49

Der Overseas Highway übers Meer: Auf der Fahrt nach Key West bieten sich für alle Wassersportler schier unzählige Möglichkeiten.

Tour 2
Die Goldküste   Seite 57

Die am besten erschlossene Region Floridas lockt mit langen, breiten Sandstränden und einer Riesenauswahl an Badehotels, Bars und Restaurants.

Tour 3
Die Golfküste   Seite 67

Im Gegensatz zu den langen Sandstränden der Ostküste sorgen hier Buchten und Inseln für Abwechslung, und das Strandleben plätschert gemütlich dahin.

Tour 4 — **Der Nordosten** — Seite 80

Wenn auch Daytona Beach noch für viel bunten Strandrummel sorgt, so wird man hier doch auf mehr Gelassenheit und Südstaatenflair stoßen.

Tour 5 — **Der Panhandle** — Seite 89

Trotz schneeweißer Sandstrände und dichter Wälder mit klaren Seen und Flüssen führt der lang gestreckte Nordwestzipfel Floridas noch ein ruhigeres Dasein.

Bildnachweis

Alle Fotos Karl Teuschl außer APA Publications/Mark Read: 35-1, 61-2, 68-1, 71-1, 72-1, 90-1, 94-1; Catch the day/Manfred Braunger: 10-1, 11-1, 25-1, 26-1, 52-1, 61-1, 95-1, 95-2; laif/Luigi Caputo: 38-1; laif/C. Piepenburg: 7-1; Sabine von Loeffelholz: 8, 15-1, 31-1, 33-1, 45-1; Universal Studios Orlando: 45-2; Ernst Wrba: 17-1; Titelbild: LOOK/Franz Marc Frei.

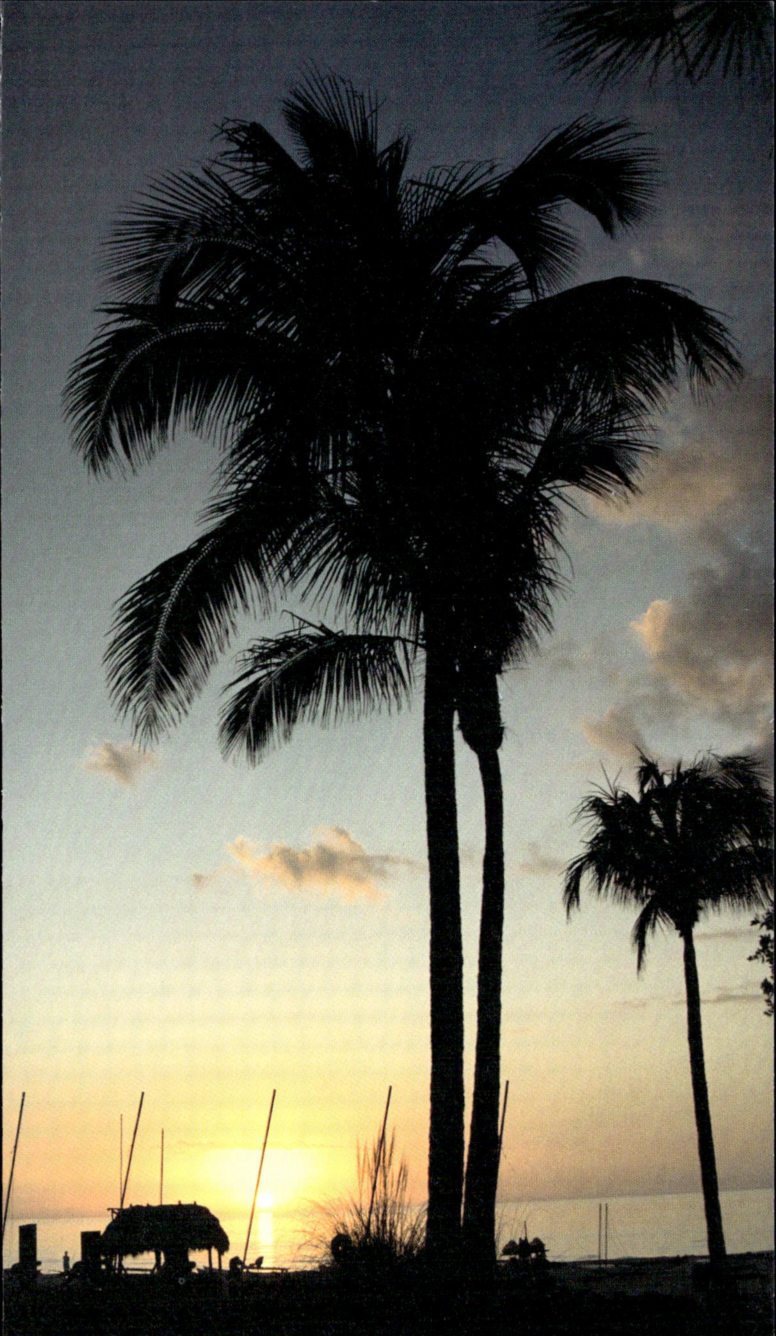

Von **Manatis** und **Badeschwämmen**

Klare Sicht und warmes Wasser rund ums Jahr, bunte Riffe, mehr als 4000 Schiffswracks und über 600 Fischarten – Floridas Unterwasserreviere locken mit besten Bedingungen.

Die schönsten Unterwasserziele

Auf 240 km Länge zieht sich entlang der Florida Keys das einzige Korallenriff Nordamerikas hin. Besonders sehenswert sind die Riffe von **Looe Key** und vor den **Marquesas-Inseln** sowie die zahlreichen Schiffswracks im Pennekamp-Park bei **Key Largo.** Weitere gute Tauchziele sind an der Ostküste die Orte von **Fort Lauderdale** bis **Palm Beach,** denn der warme Golfstrom lässt auch hier noch Korallen und Schwämme gedeihen.
Wie vor vielen anderen Städten Floridas hat man hier der Riffbildung etwas nachgeholfen und ausgediente Schiffe (und sogar einen Rolls Royce) versenkt, an denen sich schnell Flora und Fauna ansiedelten. Vor Pensacola im Norden der Golfküste wird im Sommer 2006 sogar ein Flugzeugträger versenkt. Geübte Taucher schließlich sollten sich das Binnenland im Norden als Ziel vornehmen: Dort warten im Kalkboden mit seinen vielen artesischen Quellen einige der schönsten Höhlentauchgänge der Welt.

Erwähnenswert ist die hervorragende und – dank der strikten Aufsicht – auch sehr verlässliche Infrastruktur: Überall in den Ferienorten bieten Dive Shops und Charterboote Tauchgänge und Schnorchelausflüge an. In gut ausgerüsteten Tauchschulen kann man in nur fünf Tagen einen Lehrgang mit Zertifikat machen.

Infos im Internet

- www.florida-scuba.com
- www.sfdj.com
- www.pennekamp.com/dive
- www.fla-keys.com/diving/

Special **Unter Wasser**

Snuba: Tauchen ohne Tauchschein
Angst vor der nassen Tiefe? Davor, Kopf und Körper komplett unter Wasser zu haben ohne Kontakt zur Oberwelt? »Snuba« ist seit einigen Jahren eine neue Möglichkeit abzutauchen. Beim Snuba bleibt das Mundstück der Tauchmaske durch einen langen Schlauch mit Lufttanks an der Wasseroberfläche verbunden. Ein Tauchschein ist nicht nötig, aber man kann so problemlos fünf bis sechs Meter tief tauchen. Wer schon schnorcheln kann, für den ist dies der ideale nächste Schritt zum echten Tauchen. Auch Kinder (ab 4 Jahre) können damit gut ihre ersten Erfahrungen unter Wasser machen.
▌**Snuba of Key West,** Garrison Bight Marina, Key West, Tel. 305/292-4616, www.snubakeywest.com

Wohnen im Wasser
Das ultimative Ziel für Taucher, die schon alles erlebt haben, liegt in einer kleinen Lagune vor Key Largo: **Jules Undersea Lodge.** Im einzigen Unterwasser-Hotel der Welt, einer ehemaligen Forschungsstation, müssen die Gäste in Tauchausrüstung zu ihrem Zimmer schwimmen und können dann die Nacht hinter dicken Bullaugen am Meeresboden verbringen.
Übrigens: Wer will, kann bei Jules sogar unter Wasser heiraten.
▌**Jules Undersea Lodge,** 51 Shoreline Dr., Key Largo, Tel. 305/451-2353, www.jul.com. ○○○

Manatis
Nördlich von Tampa, an der flachen und teils sumpfigen Westküste, mäandert der **Crystal River** zum Golf von Mexiko. Für Taucher und Schnorchler bietet der Fluss ein ganz besonderes Erlebnis: In einem speziell eingerichteten Korridor kann man mit den Manatis schwimmen, den seltenen Seekühen Floridas. Die friedlichen, bis zu 3,5 m langen Riesen mit den bärtigen Schnauzen überwintern von November bis März hier im mehr als 20 Grad warmen Wasser, und auch den Sommer über trifft man die wenig scheuen Tiere manchmal an, wie sie gemächlich Seegras mampfen.

Dive Shops und Tauchschulen
▌**Dive Key West**, 3128 N. Roosevelt Blvd., Key West, Tel. 305/296-3823, www.divekeywest.com
▌**Pro Dive,** Fort Lauderdale, Tel. 954/776-3483, www.prodiveusa.com
▌**Amoray Dive Resort,** Key Largo, Tel. 305/451-3595, www.amoray.com (auch Schwimmen mit Delfinen).
▌**Ginnie Springs,** High Springs, Tel. 386/454-7188, www.ginniespringsoutdoors.com (Höhlentauchen).

▌**Plantation Inn Marina,** 9301 West Fort Trail, Crystal River, Tel. 352/795-5797, www.crystalriverdivers.com
▌**Birds Underwater,** 320 N.W. Hwy. 19, Crystal River, Tel. 352/563-2763, www.birdsunderwater.com/

Special **Strände**

Ganz Florida ist eigentlich eine riesige Sandbank. Da verblüfft es nicht, dass der Ferienstaat mit fast 2000 km Stränden aufwarten kann. Den schönsten Sand besitzen die Beaches des Panhandle: schneeweiß glitzernd und fein wie Puder. Während sich der beige und goldgelbe Sand im Süden Floridas meist aus Korallen oder Muschelschalen gebildet hat, besteht er bei Panama City aus Quarz, der von den Gletschern der Eiszeit fein gemahlen wurde.

Spaß im Sand
aktiv oder romantisch

Strände ideal für Kinder

Generell eignen sich für kleinere Kinder vor allem die Strände der Westküste gut: Die Ufer am Golf von Mexiko sind seichter als diejenigen am Atlantik, das Wasser ist wärmer und die Wellen weniger rau. Sind die Kids schon älter, zählen mehr Action, Abwechslung und gleichaltriges Publikum, etwa in quirligen Strandorten wie Fort Lauderdale, Daytona Beach oder Clearwater Beach.
- **St. Petersburg Beach:** ideal für Sandburgen.
- **Bowman's Beach:** schöne Muscheln, im Sommer laichen hier Meeresschildkröten.
- **Bathtub Beach:** vom Riff geschützt am Südende von Hutchinson Island bei Stuart.

Fun und Action

Wo es in den Strandorten einen Pier gibt, ist er meist das Zentrum der Aktivitäten. Vor allem entlang der schon länger erschlossenen Ostküste zwischen Miami und Palm Beach wird Fun groß geschrieben, zahlreiche Beach Concessions vermieten Jet-Skis, Tretboote oder kleine Segeljollen und bieten Touren an zum Wasserskifahren und Parasailing oder laden zu Dinnercruises ein.
- **Fort Myers Beach:** Beim Pier am Nordende von Estero Island wird Parasailing, Jet-Skiing, Beach-Volleyball und Windsurfen angeboten.
- **Clearwater Beach:** Beach-Volleyball, Parasailing und eine hippe Partyszene in den Strandcafés.
- **Daytona Beach:** Autofahren am Strand, im März kommen Tausende Studenten zur Spring Break (s. S. 81).
- **Holiday Isle,** MM 84, Islamorada: Der Strand ist winzig; dafür gibt es umso mehr Bars, Party-Action und junge Szene.

Sicherheit: An allen öffentlichen Stränden wird mit Schautafeln und teils auch Flaggen vor den örtlichen Gefahren gewarnt: Zu manchen Jahreszeiten treten verstärkt Quallen auf, Strömungen vor der Küste können das Schwimmen gefährlich machen, oder es werden bisweilen sogar Haie gesichtet.

Die schönsten Muschelstrände

Muschelfans müssen früh aufstehen, denn die besten Chancen auf seltene Entdeckungen in der faszinierenden Welt der kleinen Kalkschalen bietet die Ebbe am frühen Morgen. Und außerdem waren dann noch nicht viele andere Sammler unterwegs.

Mehr als 400 Muschelarten kommen rings um Florida vor, und die meisten davon können Sie an den berühmten Muschelsträndern von **Sanibel Island,** am Lighthouse und am Bowman Beach, finden. Auch der Strand von **Naples** ist übersät von Muscheln, und weiter nördlich bei **Venice** kann man versteinerte Haizähne zwischen den Muschelschalen entdecken. An der Atlantikküste ist die Vielfalt der Muscheln nicht ganz so groß, dennoch lohnt es sich auch bei **Fort Lauderdale** und **Palm Beach** die Augen offen zu halten nach Neptuns Schätzen.

Achtung: Die hübschen – und sehr zerbrechlichen – Sanddollars dürfen Sie mitnehmen, von ihnen gibt es Millionen. Viele andere Muscheln fallen jedoch unter das Washingtoner Artenschutzabkommen und dürfen nicht in die EU eingeführt werden.

Romantische und idyllische Strände

▌**Cape Florida State Beach,** Miami. Beim Leuchtturm am Südende von Key Biscayne, nah zur Stadt und doch idyllisch ruhig.

▌**Playalinda Beach,** Cape Canaveral National Seashore. Kilometerweite Einsamkeit, die manche auch zum (verbotenen) FKK nutzen.

▌**Lover's Key Beach,** am Südende von Fort Myers Beach. Wenig überlaufener State Park mit feinem weißen Sand und lauschigen Wäldchen dahinter.

▌**Grayton Beach,** westlich von Panama City. Nominiert als schönster Strand Floridas – schneeweiße Dünen, Campingplatz.

Tropische Nächte und bunte Drinks

⭐ Die absolut heißesten Zentren der Clubgänger sind ohne Zweifel Miami Beach, Miami und Key West.

Hotel-Discos und von Palmen umstandene Bars für den Sonnenuntergang finden sich in allen wichtigen Ferienzentren Floridas. Das eigentliche Nightlife tobt jedoch in den größeren Städten: In Fort Myers trifft man sich in den Bars rund um den Times Square, in Fort Lauderdale am Las Olas Boulevard.

▌**crobar**,
1445 Washington Ave.,
Tel. 305/531-5027.
Riesiger Tanzclub mit R&B, Hip-Hop, House-Musik.
▌**Club Deep**,
621 Washington Ave.,
Tel. 305/532-1509.
Hip-Hop, House und Tanzfläche über einem riesigen Aquarium.
▌**Nikki Beach**,
1 Ocean Dr.,
Tel. 305/538-1111.
Tags ein Strandclub, nachts Disco-Sound.

Treff der Schönen: Miami Beach

Irgendwie animieren die bonbonbunten Häuser am Ocean Drive, die wohlgeformten Kurven der Models und die milde Meeresluft – in Miami Beach fühlt sich jeder nach kürzester Zeit in Ausgehlaune. Kein Wunder, dass South Beach die wildesten Clubs und angesagtesten Bars im Staate bietet. Hier mischen sich die aus New York eingeflogene Clubszene und die Stars aus Hollywood mit der Reggae- und Salsa-Gemeinde der nahen Karibik. Nicht verpassen sollten Sie einen Bummel zu den etablierten Treffs, wo jeder zumindest einmal pro Abend auftauchen muss: im **News Cafe** (800 Ocean Dr.) etwa, im **Mango's Tropical Cafe** (900 Ocean Dr.) oder in der **Clevelander Bar** (1020 Ocean Dr.). Die Nachtclubs und Discos öffnen erst gegen 23 Uhr – und die Gesichtskontrollen am Einlass sind gnadenlos. Ein verrücktes Outfit hilft und natürlich Schönheit. Nur zur Nebensaison sind die Doormen etwas nachsichtiger.

Special Szenetipps

Die Welt der Latinos in Miami

Coconut Grove, das alte Boheme-Viertel im Süden der Innenstadt, hat sich in den letzten Jahren zum Treff der Latinoszene Miamis gemausert. Zum Glück ist Coconut Grove auch für Touristen ein relativ sicheres Viertel, so dass man hier einen Blick in das pulsierende hispanische Leben der Metropole werfen kann.

Bis nach Mitternacht herrscht an Wochenenden buntes Treiben rund um die **Grand Avenue** und den **CocoWalk:** Kubanische Großfamilien flanieren die breiten Gehsteige entlang, junge Latino-Machos führen ihre aufgetakelten Chicas aus, Straßenkünstler kreieren futuristische Sprühgemälde, und auf den Balkonen der Cafés ist die Hölle los. Nehmen Sie einen Freitag oder Samstag, kommen Sie schon am Nachmittag und bleiben Sie bis abends.

❚ **Fat Tuesday,** 3015 Grand Ave., Tel. 305/529-2222. Schöne Terrasse, gute Drinks und viel zum Schauen.
❚ **Oxygen Lounge**, 2911 Grand Ave., Coconut Grove, Tel. 305/476-0202. DJs, Live-Bands und schicke Szene.
❚ **Hoy Como Ayer**, 2212 S.W. 8th St., Tel. 305/541-2631. Latino-Sound in Little Havana – bis 3 Uhr morgens.

Schwul und verrückt: Key West

Das Nachtleben von Key West ist sogar unter den Szenegängern von Miami legendär. Nicht umsonst hatte sich einst schon der trinkfreudige Ernest Hemingway hier angesiedelt. Seither kamen viele Schwule und Partybegeisterte aus allen Teilen Amerikas, die in Key West ausreichend Freiraum finden. So sind heute die Clubs und Freiluft-Bars an der Duval Street vor allem an Wochenenden Schauplätze für Nonstop-Partys bis in den frühen Morgen.

Die wildeste Zeit in Key West ist die zweite Oktoberhälfte vor Halloween: Ganz hedonistisch und sehr freizügig feiert die Stadt dann das Fantasy Fest mit Toga-Partys, Steelbands und Paraden.
❚ **Durty Harry's,** 208 Duval St., Tel. 305/296-4890. Rockbands, Freiluftbars und potente Drinks.
❚ **Aqua,** 711 Duval St., Tel. 305/294-0555. Schwulenkneipe mit schrillen Drag-Queen-Shows.

Miami-Nightlife im Internet
❚ www.cooljunkie.com
❚ www.miami.nightguide.com
❚ www.miaminightout.com

Florida – Amerikas Sonnenstaat

Mit Fug und Recht kann sich Florida als das Urlaubsland Amerikas schlechthin rühmen – und das bereits seit fast 100 Jahren. Tendenz: In der Beliebtheit immer noch steigend. Wer einmal dort war, wird verstehen, warum. Die Natur hat Florida für einen erlebnisreichen Urlaub bestens ausgestattet: Die Palette reicht von den tropischen, von Korallenriffen gesäumten Inseln der Keys im Süden bis zu den stillen Wäldern Nordfloridas. Dazwischen liegen die faszinierenden Sümpfe der Everglades und die Seenplatten Zentralfloridas – und natürlich Hunderte von Kilometern schimmernder Strände.

Die moderne Vergnügungsindustrie hat das Ihre dazu beigetragen, Florida abwechslungsreich zu gestalten: An die einhundert zum Teil unglaublich aufwändig gestaltete Theme Parks und Attraktionen entführen die Besucher in Zukunftswelten und auf unterhaltsame Rummelplätze.

Lage und Landschaft

Florida, der südlichste Staat auf dem amerikanischen Festland, erstreckt sich zwischen dem 24. und 31. Grad nördlicher Breite. Das entspricht in der Alten Welt etwa der Lage von Ägypten zwischen Luxor und Alexandria am Südrand des Mittelmeeres. Der weitaus größte Teil des insgesamt rund 150 000 km² großen Staates liegt auf einer gut 800 km langen Halbinsel, die im Osten vom Atlantik, im Westen vom Golf von Mexiko und im Süden vom Karibischen Meer begrenzt wird. Nur im äußersten Norden hängt dieser Landzipfel mit einem schmalen »Stiel« am Festland – daher rührt auch der Name *panhandle,* »Pfannenstiel«, für den Nordwesten Floridas.

Land zwischen den Meeren
Durch die meerumschlungene Lage ist kein Punkt Floridas weiter als 100 km von einer der Küsten entfernt. Die meisten Städte und Ferienzentren liegen ohnehin direkt an den Buchten und langen Stränden am Atlantik oder Golf – 1800 km Sandstrände sind es übrigens insgesamt!

Aber auch im Inland ist Wasser nie weit: Das Landschaftsbild im Binnenland Zentralfloridas wird von großen Seenplatten bestimmt. Tief eingeschnittene Flusstäler oder Berge wird man in Florida allerdings vergeblich suchen. Der gesamte Staat ist bis auf wenige Hügel von Küste zu Küste völlig eben.

Trotz der flachen Landschaft sind die beiden Küsten Floridas höchst unterschiedlich: Die Westküste am Golf von Mexiko wird durch große Buchten mit vorgelagerten Inseln geprägt. Im sanft hügeligen Nordwesten und im Süden ist die Golfküste auf weiten Strecken sumpfig, doch in der mittleren Region zwischen St. Petersburg und Naples finden sich einige der schönsten Strände des Landes.

Florida – Amerikas Sonnenstaat

Die Atlantikküste im Osten verläuft dagegen wie ein einziger, immens langer Strand fast schnurgerade von Miami bis St. Augustine. Zahlreiche lang gestreckte Düneninseln, die so genannten *barrier islands,* schützen das Festland vor den Brechern des Atlantiks. Dicht vor der Küste verläuft hier der Golfstrom nach Norden und trägt warmes Wasser aus dem Golf von Mexiko über den Atlantik nach Nordwesten bis Europa.

Geologie

Die Halbinsel Florida ist der jüngste Teil von Nordamerika. Der Gesteinssockel selbst entstand bereits vor Hunderten von Millionen Jahren, als sich am Rande der nordamerikanischen Kontinentalscholle in einem flachen Urmeer dicke Schichten von Muschel- und Korallenkalk ablagerten – Florida wurde »sanft« unter Wasser geboren.

Doch erst vor etwa 20 bis 30 Mio. Jahren entstieg es dem Meer. Während der letzten Eiszeiten dann, als der Meeresspiegel weit niedriger war als heute, lagen große Teile des Festlandschelfs trocken – Florida hatte damals eine etwa doppelt so große Fläche wie heute. Nach den Eiszeiten, vor etwa 5000 Jahren, schließlich nahm die Halbinsel ihre heutige Form an.

Aquifers – Wasser aus der Tiefe

Große Flüsse hat das völlig flache Florida kaum zu bieten, sumpfige Tümpel und Brackwasserseen sind dagegen viel häufiger. Und doch fließt in den Haushalten des Staates das sauberste und beste Trinkwasser Amerikas aus den Leitungen. Der Grund dafür ist tief im Untergrund zu suchen: Dicke Sedimentschichten aus weichem, extrem porösem Kalk bilden das Grundgestein in fast allen Regionen der Halbinsel. Dazwischen liegen wasserundurchlässige Schichten von Tonerde und Lehm. Im Laufe von Jahrtausenden hat sich das Kalkgestein wie ein mächtiger steinerner Schwamm mit Regenwasser vollgesogen. Diese gewaltigen Wasserreservoire, »Aquifers« genannt, reichen bis zu 150 m in die Tiefe und sind die Grundlage für die heutige Wasserversorgung fast des gesamten Staates. Im Florida Aquifer Zentral- und Nordfloridas ist das Gewicht der auf dem Aquifer lastenden Gesteinsschichten so groß, dass das vor Jahrtausenden abgeregnete Wasser in mehr als 300 artesischen Quellen an die Oberfläche gedrückt wird. In der größten Quelle, Wakulla Springs nahe Tallahassee (s. S. 92), schießen pro Sekunde bis zu 50 000 l glasklares Tiefenwasser aus dem Fels. Während der Wasserdruck im löchrigen Karstschwamm Nordfloridas noch sehr hoch ist, wurde im Biscayne Aquifer, das unter Miami und einem großen Teil der Everglades liegt, bereits sehr viel Wasser abgepumpt. Die Folge ist, dass seit einigen Jahrzehnten Meerwasser aus dem Atlantik seitlich in den Kalkstein eindringt und bis in die Everglades hinein die Brunnen versalzt. Eine der wichtigsten Aufgaben für die Zukunft wird sein, das natürliche Gleichgewicht der Aquifers wiederherzustellen.

Klima und Reisezeit

Eigentlich müsste Florida, das ja auf derselben geografischen Breite liegt wie die Sahara, ein extrem trockenes Klima haben. Doch die Lage zwischen zwei Meeren bewahrt die lang gestreckte Halbinsel vor diesem Schicksal und beschert dem Sonnenstaat ein feuchtes, tropisch warmes Meeresklima. Von Osten wie von Westen bringen die Winde feuchte Luft ins Land und machen Florida zu einem der regenreichsten Staaten des Kontinents – was auch an der üppigen Vegetation deutlich wird. Die Niederschläge kommen aber meist nur als kurze tropische Regengüsse.

Florida ist ein ganzjähriges Reiseziel. In Südflorida, auf der Höhe von Miami und Naples etwa, liegen die Tageshöchsttemperaturen im Januar bei 23 °C und im Juli durchschnittlich bei 31 °C. Die Wassertemperatur klettert entsprechend von etwa 22 °C im Januar auf 28 bis 30° C im Hochsommer; dabei ist das flachere Wasser an der Westküste meist ein bis zwei Grad wärmer als an der raueren Atlantikküste.

!! Die besten Reisezeiten für eine **Rundfahrt** durch Florida sind September bis November und März bis Ende Mai. Dann liegen die Temperaturen tagsüber bei 25 bis 30 °C, es ist nicht so schwül, das Meer hat angenehme 24 bis 26 °C – und die Motels verlangen Nachsaisonpreise.

In Zentralflorida wie auch im Panhandle gibt es manchmal kräftigen Nachtfrost, der meist jedoch nur einige Tage andauert. Beste Reise- und Badezeit für den Norden des Staates ist der Hochsommer, während in Süd-

Windige Zeiten

Noch ein warnendes – und beruhigendes – Wort zu der wohl berühmtesten Klimaerscheinung Floridas, den Hurrikans: Diese tropischen Wirbelstürme entstehen meist zwischen Juli und Oktober weit draußen im Karibischen Meer und ziehen von dort nach Norden, wo sie sich über dem Land austoben. Und Florida liegt genau auf dem Pfad, den die Hurrikans nehmen. Fast jeden Sommer muss man deshalb für einige Tage mit regnerischen Ausläufern rechnen – aber nur selten, nur alle paar Jahrzehnte einmal, zieht ein wirklich schwerer Hurrikan seinen Vernichtungspfad über die Halbinsel. 1935 war so ein Jahr, damals vernichtete ein Sturm die Bahnlinie auf den Keys (s. S. 56). 1992 schlug Hurrikan Andrew eine Schneise in die Everglades, und im Herbst 2004 zogen gar vier Hurrikans über Florida und richteten Schäden in Höhe von 22 Mrd. Dollar an. Als Besucher muss man die Wirbelstürme jedoch nicht fürchten: Die Ausläufer von Hurrikans sind meist mit zwei oder drei Tagen Regen abgetan. Falls ein Sturm direkt auf die Küste zuhält, wird bereits Tage vorab gewarnt – und Touristen werden wie in New Orleans beim Hurrikan Katrina im Herbst 2005 evakuiert. Das National Hurricane Center in Miami lässt mit Wetterflugzeugen, Satelliten und modernster Technologie die Entstehung von Stürmen ständig verfolgen.

Florida – Amerikas Sonnenstaat

florida im Juli und August Regenzeit herrscht. Dann ist es hier oft sehr schwül und heiß mit Temperaturen über 30 °C. Regenzeit bedeutet allerdings keinen Dauerregen, sondern lediglich kurze, heftige Schauer am Nachmittag.

! Im Winter sollten Sie einen **Badeurlaub** nur in Südflorida planen – also in der Region südlich der Linie Palm Beach – Fort Myers. Nördlich davon ist es zwar auch im Januar noch schön genug für ausgiebige Strandspaziergänge, zum Tennisspielen und Golfen, aber zu kalt zum Baden.

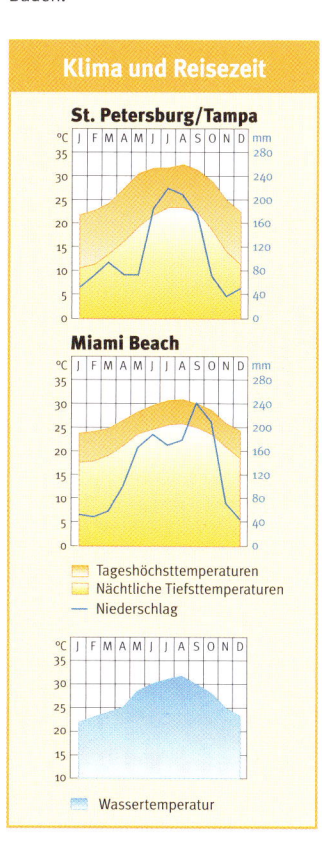

Friedliches Nebeneinander: Silberreiher und Alligator

Klima und Reisezeit

St. Petersburg/Tampa

Miami Beach

- Tageshöchsttemperaturen
- Nächtliche Tiefsttemperaturen
- Niederschlag

- Wassertemperatur

Natur und Umwelt

Jeden Erstbesucher wird verblüffen, wie saftig grün Florida ist: So muss es in den Tropen aussehen. Allerdings reicht, rein geografisch betrachtet, Florida nicht in die tropische Zone hinein; Key West an der Südspitze der Keys liegt noch rund 150 km nördlich des Wendekreises des Krebses. Doch der Golfstrom sorgt in Südflorida dafür, dass das Meer sogar im Winter nie kälter wird als 20 °C – eine Grundvoraussetzung für die Bildung von Korallenriffen –, und wärmt indirekt auch die Luft über dem Land. So konnte sich auf den Keys und in den Sumpfgebieten der Everglades eine tropische Flora und Fauna entfalten, die sonst nur weiter südlich zu finden ist.

Fauna

Rehe, Waschbären, Gürteltiere und fast 100 weitere Säugetierarten leben in Florida. Hinzu kommen rund 1200 Fisch- und Muschelarten, Meeressäuger wie Delphine und die seltenen Manatis, die sanften, bis zu 1500 kg schweren Seekühe (s. S. 7). Neben den großen Meeresschildkröten, die

Die Everglades – ein Naturparadies am Verdursten

Die gewaltigen Sumpfgebiete der Everglades sind die letzte große Wildnisregion im Ostteil Amerikas. Ein Refugium für Zugvögel, Krokodile und Alligatoren, für seltene Florida-Panther, Seekühe und bedrohte Pflanzenarten. Einst bedeckte dieses Feuchtgebiet die gesamte Südspitze Floridas. Die Indianer nannten die Sümpfe treffend *Pahay-okee*, »fließendes Gras«. Tatsächlich sind die Sümpfe eigentlich ein gewaltiger Fluss, 80 km breit und 160 km lang, der mit nur ganz wenig Gefälle träge vom Lake Okeechobee nach Süden in die Florida Bay fließt.

Im zentralen Teil der »Glades« wachsen im seichten Wasser hohe, scharfkantige Schilfgräser, mancherorts ragen bucklige Waldinseln mit tropischen Harthölzern über dem Meer aus Gras auf. Im nördlichen Teil gedeihen Sumpfzypressen und auf sandigen Anhöhen kleine Kiefernwäldchen, während im Süden Mangrovenlabyrinthe und Brackwasserlagunen das Landschaftsbild bestimmen. Ganz unmerklich gehen dort die Everglades in die Florida Bay über, das Wasser wird langsam salziger, die schimmernden Wasserflächen immer größer – und schließlich läuft das Land in einem Gewirr von Inseln aus.

Doch das Naturparadies ist in Gefahr: Bereits um 1920 wurden Kanäle gezogen, der Lake Okeechobee sogar vollständig eingedämmt, und große Teile der nördlichen Everglades trockneten aus. Dann kamen die Farmer, die das »Brachland« unter den Pflug nahmen. Vor allem Zuckerrohr, neuerdings auch Orangen und Gemüse werden im Norden der Sümpfe geerntet. Düngerreste und die Gifte aus der Schädlingsbekämpfung fließen ungehindert in die noch bestehenden Sümpfe im Süden.

Die Schäden im Ökosystem zeigten sich früh: Bereits in den 1930er Jahren loderten riesige Buschbrände in den ausgetrockneten Sümpfen und verdunkelten für Wochen den Himmel über Florida. Die Tierbestände gingen drastisch zurück. Buchstäblich im letzten Moment handelte die Regierung und schuf 1947 den Everglades N. P. (s. S. 41), der etwa ein Viertel des ursprünglichen Feuchtgebietes schützt.

Doch damit war die Gefahr der Austrocknung nicht gebannt: Heute fließt nur etwa ein Fünftel der Wassermenge, die um 1900 durch die Everglades strömte. Durch die geringere Verdunstung gingen die ergiebigen sommerlichen Regenfälle über Südflorida um die Hälfte zurück. Auch Miami zapft Grundwasser aus den Sümpfen ab. Erst seit Mitte der 1980er Jahre wurde damit begonnen, die Phosphate aus den Abflüssen der Plantagen zu filtern, alte Kanäle wieder einzureißen und den Wasserverbrauch Miamis einzuschränken. Ob diese Maßnahmen Erfolg haben werden und das einzigartige Ökosystem noch zu retten ist, werden aber erst die nächsten Jahrzehnte zeigen.

Schilfgras und Wasser bestimmen in weiten Teilen das Bild der Everglades

an Floridas Stränden laichen, und mehr als 50 Schlangenarten sind unter den Reptilien v. a. die um 1960 fast ausgerotteten Alligatoren bekannt, von denen heute wieder rund eine Million die Binnengewässer der Halbinsel bevölkern. Besonders eindrucksvoll und leicht zu beobachten ist die Vogelwelt: Silberreiher, Rosa Löffler und 400 weitere Vogelarten.

Auch wenn heute große Teile Floridas dicht besiedelt sind und so manche Naturregion durch Abholzen und Trockenlegen zerstört wurde, hat man hier doch frühzeitig begonnen, einzelne Gebiete unter Naturschutz zu stellen. In drei National Parks, drei National Forests und mehr als 100 State Parks kann man heute die ursprüngliche Vegetation Floridas erleben.

Flora

Innerhalb der verschiedenen Klimazonen konnte sich in Florida eine besonders vielfältige Vegetation entwickeln. Von den Mangrovensümpfen im Süden bis zu den Kiefernwäldern des Nordens gedeihen insgesamt rund 3800 Pflanzenarten auf der Halbinsel, darunter seltene Orchideen und Bromelien in den Everglades sowie geheimnisvoll düstere Sumpfzypressenwälder mit jahrhundertealten Baumriesen.

Bevölkerung

Nicht nur Touristen zieht es nach Florida, Jobs und warmes Wetter locken viele Zuwanderer an. Der Sonnenstaat verzeichnete zwischen den Volkszäh-

Nationalparks

Das Wort »Park« sollte den Besucher nicht irreführen: Keine künstlich bewässerten Blumengärten, sondern Wildnisgebiete werden hier erhalten. Naturschutz steht an erster Stelle, die Menschen sind nur als staunende Besucher im Reich der Natur zugelassen und müssen sich strikten Regeln unterwerfen. Jede Belästigung der Tiere oder fahrlässige Zerstörung von Pflanzen ist untersagt. Putzige Waschbären oder gar Alligatoren zu füttern ist ebenso verboten wie das Pflücken von Blumen.

lungen von 1970, 1980 und 1990 jeweils Zuwächse von mehr als 30 %, zwischen 1990 und 2000 waren es immer noch stattliche 24 % Wachstum. Besonders die Bezirke und Städte an der Südwestküste gehörten in den letzten Jahrzehnten regelmäßig zu den am schnellsten wachsenden Gebieten in den ganzen Vereinigten Staaten. Vielfach sind es auch Rentner aus den kalten Nordstaaten der USA, die nach Florida ziehen und ihr hart verdientes Geld hier anlegen – und ausgeben.

Von den heute fast 18 Mio. Einwohnern Floridas sind mehr als vier Fünftel weißer Hautfarbe, die meisten von ihnen angelsächsischer Herkunft. Der Prozentsatz der Schwarzen ist im Vergleich zu den übrigen Südstaaten gering: Nur etwa 15 % der Bevölkerung sind Afroamerikaner. Sie leben vorwiegend in den größeren Städten sowie in den ländlichen Gebieten im Norden Floridas.

Noch weit geringer ist der Anteil der amerikanischen Ureinwohner: die ursprünglichen Stämme Floridas starben bereits im 18. Jh. aus; lediglich von den Nachkommen der zu Anfang des 19. Jhs. aus Georgia eingewanderten Creek-Indianer leben heute noch einige Tausende in Reservaten am Rande der Everglades westlich von Miami und Fort Lauderdale.

Hispanic Americans

Während an der Golfküste und in den Siedlungszentren Zentralfloridas die Bevölkerung relativ homogen ist, konzentrieren sich die ethnischen Minderheiten des Staates in Südflorida, vor allem rund um die Metropole Miami, die heute schon als heimliche Hauptstadt Südamerikas gilt. Spanisch wird hier bereits häufiger gesprochen als Englisch, und auch die kreolischen Dialekte sind gut vertreten.

Die stärkste hispanische Bevölkerungsgruppe sind mit heute mehr als einer Million Menschen die Kubaner, die mittlerweile auch eine bedeutende politische Kraft in der Stadt darstellen.

Nach der Revolution in Kuba 1959 flohen Anfang der 1960er Jahre ca. 200 000 Menschen von der Zuckerinsel. Damals waren es vor allem Intellektuelle und Geschäftsleute, die mit Geld und viel Unternehmergeist in Miami ein neues Leben begannen – immer in der Hoffnung, bald wieder nach Kuba zurückzukehren. Über die Jahrzehnte wurden sie hier sesshaft, kamen zu Wohlstand. Ihre Kinder sprechen heute Englisch so gut wie Spanisch, hören Rap-Musik wie Salsa – und können es sich kaum noch vorstellen, nach Kuba zurückzugehen.

Anfang der 1980er Jahre öffnete Castro noch einmal die Grenzen, und weitere 100 000 Flüchtlinge kamen mit Motorbooten, Frachtern und gecharterten Schiffen nach Südflorida. Diese so genannten *marielitos*, benannt nach dem Fluchthafen in Kuba, waren allerdings nicht mehr die Mittelständler des Inselstaates wie 1959, sondern (wie auch bei einer weiteren Welle 1994) verarmte Angehörige der reichen Miami-Kubaner, Kleinkriminelle aus den Gefängnissen Kubas und andere zwielichtige Figuren, was die Rassenprobleme, den Drogenhandel und die Kriminalität in Miami drastisch verschärfte.

Aber längst sind es nicht mehr nur Kubaner, die in Südflorida siedeln, auch aus vielen anderen Ländern Mittel- und Südamerikas kommen die *hispanics*. In den letzten Jahren sind es vor allem Haitianer, die als Wirtschaftsflüchtlinge auf zum Teil abenteuerlichen Wegen Florida ansteuern und ihr Glück zu machen versuchen. In Miami ist sogar schon ein »Little Haiti« entstanden.

Wirtschaft

Der Tourismus ist die wichtigste Industrie Floridas und macht hier knapp ein Viertel des gesamten Wirtschaftsaufkommens aus. Jedes Jahr kommen fast 75 Mio. Besucher und geben insgesamt etwa 50 Mrd. $ aus. Die Tourismus-Industrie schafft damit Arbeitsplätze für 870 000 Menschen.

Aber der Tourismus ist längst nicht alles in Florida: Das Sonnenland ist auch einer der wichtigsten Agrarproduzenten Amerikas. Bedingt durch das milde, frostfreie Klima können in Südflorida bis zu drei Ernten im Jahr eingefahren werden. Die ersten Erdbeeren reifen bereits im Februar in Plant City westlich von Orlando, und auf den Feldern am Rande der Everglades bei Miami wächst auch im tiefsten Winter knackiger Salat.

Die berühmtesten und wichtigsten Anbauprodukte Floridas jedoch sind die Zitrusfrüchte: Orangensaft aus Florida und saftige Grapefruits finden sich auf den Frühstückstischen von Alaska bis New York – und werden auch nach Europa exportiert. Bereits Mitte des 16. Jhs. pflanzten die Spanier bei St. Augustine die ersten Limetten an. Im 19. Jh. dann wurden gewaltige Flächen Zentralfloridas mit Orangenplantagen bebaut. Knapp 300 000 ha Land werden noch heute für den Anbau von Zitrusfrüchten genutzt – allerdings mit leicht rückgängiger Tendenz, denn in den 1980er Jahren vernichteten starke Frosteinbrüche große Teile der Orangenhaine. Viele der Zitrusfarmer ziehen daher nun immer weiter gen Süden in die frostsichere Region rund um den Lake Okeechobee.

Ebenfalls von wirtschaftlicher Bedeutung sind in Nordflorida die Forstindustrie, um die Bucht von Apalachicola die Austernzucht und entlang der Küsten natürlich die Fischerei.

Mit der Eröffnung des Raumfahrtzentrums Cape Canaveral wurde Florida seit den 1950er Jahren zum wichtigen Standort für Forschungslabors, Rüstungsbetriebe und Elektronikindustrien. Die Hightech-Genies dieser Branche sind nicht zuletzt für die futuristischen Attraktionen der Vergnügungsparks verantwortlich.

Steckbrief

▌ Der Staat Florida umfasst eine Fläche von 151 714 km², ist also fast doppelt so groß wie Österreich. Davon werden rund 11 500 km² von Wasser bedeckt – im Landesinneren gibt es rund 10 000 größere Seen.
▌ Von den 13 600 km Küstenlinie rings um die lang gestreckte Halbinsel Florida sind etwa 1800 km Sandstrände.
▌ Nach der jüngsten Hochrechnung aus dem Jahr 2005 leben 17,8 Mio. Menschen in Florida, 65 % davon sind Weiße, 14,6 % Schwarze. 18 % sind sog. *hispanics,* also Einwanderer aus Kuba oder anderen mittel- und südamerikanischen Ländern.
▌ Die Hauptstadt Floridas ist Tallahassee (285 000 Einw.) im Nordwesten, die größte Stadt jedoch Miami (2,4 Mio. Einw.) im äußersten Südosten.
▌ Die wichtigsten Wirtschaftszweige sind der Tourismus, der Anbau von Zitrusfrüchten und Gemüse, Rinderzucht sowie die Elektronikindustrie.

Staatsform

Nach einer turbulenten Kolonialgeschichte mit häufigem Besitzerwechsel zwischen Spanien, England und Frankreich wurde Florida 1819 ein Territorium der USA und schließlich nach dem Ende der Indianerkriege im Jahre 1845 zum offiziellen Bundesstaat innerhalb der Union erklärt.

Nach dem Vorbild der Bundesregierung in Washington besteht die Regierung Floridas aus Legislative, Exekutive und Judikative mit Sitz in Tallahassee. Historisch gesehen ist die Wahl der Hauptstadt ganz im Norden des Staates durchaus verständlich, denn hier siedelten sich die ersten Pioniere an und wurden die ersten Städte gegründet. Heute allerdings liegt der Bevölkerungsschwerpunkt viel weiter südlich, und Tallahassee gilt vielen Bürgern Floridas als verschlafene Kleinstadt, in der die Probleme der Großstädte im Süden gar nicht richtig begriffen werden. Manche möchten sogar die Hauptstadt verlegen. Doch die Gesetzesmacher sind mit ihrer heilen Welt im Norden zufrieden – und außerdem sorgen die einflussreichen Lobby-Gruppen der Industrieverbände und der Großstädte dafür, dass die Belange des Südens nicht vergessen werden.

An der Spitze des Staates Florida steht der für jeweils vier Jahre vom Volk direkt gewählte Gouverneur. Als Bundesstaat ist Florida mit zwei Senatoren und 23 Abgeordneten in Washington vertreten. Dort werden die Entscheidungen in den Bereichen Außenpolitik, Verteidigung, Verfassungsrecht, Sozial- und Finanzpolitik für die gesamten USA getroffen. Florida hat jedoch die Zuständigkeit für das Schulwesen und die Polizei, für die bürgerliche und Strafgerichtsbarkeit sowie die Kulturpolitik.

Geschichte im Überblick

Ab ca. 35 000 v. Chr. ziehen nomadische Stämme aus Asien über die Beringstraße nach Amerika und besiedeln den Kontinent. Etwa um 8000 v. Chr. verbreiten sie sich über das Mississippital ostwärts bis nach Florida. Fischfang und Jagd sind ihre Lebensgrundlagen, bis sie sich ab etwa 2000 v. Chr. fest niederlassen und Mais anpflanzen. Als Columbus die Neue Welt entdeckt, leben rund 10 000 Indianer in Florida.

1513 In der Osterzeit betritt der spanische Konquistador Juan Ponce de León als erster Weißer den Boden der Halbinsel. Er geht in der Nähe des heutigen St. Augustine an Land und benennt das Gebiet nach dem spanischen Osterfest *pascua florida*.

1565 Der Spanier Pedro Menéndez de Avilés entdeckt an der Nordostküste einen großen Naturhafen, das heutige St. Augustine. Hier legt er den Grundstein für die erste dauerhafte Siedlung Floridas. In den Folgejahren beginnen spanische Franziskanermönche mit der Missionierung – jedoch mit dem schrecklichen Erfolg, dass die Indianer durch die eingeschleppten europäischen Seuchen schnell dahinsterben.

1586 Der britische Seefahrer Sir Francis Drake überfällt St. Augustine und legt die Stadt in Brand. Weitere Überfälle folgen, Florida bleibt während der nächsten beiden Jahrhunderte zwischen Spaniern, Engländern und Franzosen umkämpft.

1763 Nach dem Siebenjährigen Krieg erhalten die Engländer Florida von den Spaniern im Tausch

Geschichte im Überblick

gegen Kuba. Wechselvolle Jahre brechen an: Bereits 1783 geht Florida als Ersatz für die Bahamas wieder an Spanien, das den Panhandle im Jahre 1800 an Napoleon abtritt. Der wiederum verkauft das Gebiet zusammen mit Lousiana 1803 an die Amerikaner.
1819 Die Vereinigten Staaten kaufen von Spanien nach und nach die gesamte Halbinsel Florida. 1824 wird das neu gegründete Tallahassee zur Hauptstadt des neuen Florida Territory erklärt. Die Urbevölkerung Floridas ist mittlerweile nahezu ausgestorben.
1835–1842 Die Seminolen wehren sich erbittert gegen das Vorrücken der Weißen in Florida. Unter dem legendären Häuptling Osceola führen sie einen blutigen Krieg gegen die US Army. 1842 geben die Indianer jedoch auf und werden nach Arkansas und Oklahoma deportiert. Nur etwa 300 Seminolen können sich in den Sümpfen der Everglades verstecken.
1845 Florida wird als 27. Staat in die Union aufgenommen. Nun strömen verstärkt Siedler in Floridas Norden.
1861 Florida schließt sich im Sezessionskrieg der Konföderation der Südstaaten an.
1883 Die große Ära der Eisenbahnen beginnt, die Florida von Norden her für Siedler und Touristen erschließen. Der Eisenbahnmagnat Henry Flagler baut seine »East Coast Railway« entlang der Atlantikküste über Palm Beach und Miami bis nach Key West (1912), sein Gegenspieler Henry B. Plant führt die Schienen der »Atlantic Coast Line« bis nach Tampa.
1898 Im Spanisch-Amerikanischen Krieg wird Tampa zum wichtigsten Hafen für die Ausschiffung der Soldaten zum Kriegsschauplatz Kuba.
1924 Der große Grundstücksboom: Tausende von Siedlern, Rentnern und Touristen zieht es nach Florida.
1941 Im Zweiten Weltkrieg entstehen in Florida große Trainingscamps für Piloten und Dschungelkämpfer. Viele Soldaten kehren nach dem Krieg als Urlauber zurück und tragen zum gewaltigen Tourismusboom der 1950er Jahre bei.
1959 In den Jahren nach Fidel Castros Revolution fliehen rund eine halbe Million Kubaner nach Florida, die sich v. a. um Miami ansiedeln.
1961 Vom Versuchsgelände Cape Canaveral starten die ersten Raketen der USA in den Weltraum.
1971 Bei Orlando öffnet Walt Disney World seine Tore, der erste große Vergnügungspark Floridas.
Ab 1980 Nach der Ostküste werden nun auch die Strände der Südwestküste verstärkt erschlossen.
2001 Infolge der Terror-Anschläge von New York und Washington erlebt der Florida-Tourismus einen drastischen Einbruch.
2003 Cape Canaveral: Absturz der Raumfähre Columbia mit sieben Astronauten an Bord.
2004 In rascher Folge nehmen im Herbst vier Hurrikans Kurs auf Florida. Die beiden größten, Charley und Ivan, richten besonders im Südwesten bzw. im Panhandle bei Pensacola große Schäden an.
2005 Der Jahrhundertsturm Katrina zerstört New Orleans, lässt Florida aber verschont.
2006 Ein neues Einwanderungsgesetz der Bush-Regierung soll viele illegale Arbeiter aus Mittelamerika legalisieren, aber auch die Neuzuwanderung einschränken.

Kultur gestern und heute

Florida ist jung, sehr jung sogar. Aus den frühen Tagen des Landes blieb nur wenig erhalten: einige Muschelhaufen der Indianer, eine hübsche Altstadt aus spanischer Zeit in St. Augustine, einige spanisch-maurisch angehauchte Prachthotels aus der Ära der Eisenbahnen. Das war's. Auch die »hohe Kunst« ist dünn gesät im heutigen Florida: Nur einige Orte wie etwa Sarasota, Palm Beach oder Miami besitzen große Musentempel für Oper, Ballett und Theater. Die Kunstmuseen halten sich ebenso in Grenzen – jedoch mit bemerkenswerten Ausnahmen wie etwa das hervorragende Dalí-Museum in St. Petersburg oder die Ringling-Sammlung in Sarasota, beides Stiftungen betuchter Mäzene.

Phantasiewelten

Im Ferienstaat Florida hat die Freizeitarchitektur Blüten getrieben wie kaum sonst irgendwo. Das begann bereits in den 1920er Jahren, als in Miami Beach fast täglich ein Hotel oder Apartmenthaus in schönstem Art déco fertig gestellt wurde. Es entstand ein einzigartiges Ensemble von Fassaden, die heute – neu renoviert – zum Pflichtziel für Architekturstudenten aus aller Welt zählen (s. S. 34 f.).

Besonders aber in neuester Zeit hat Florida Bahnbrechendes hervorgebracht: In und um Orlando entstanden Vergnügungsparks, die eine neue Art von Ferien für das 3. Jahrtausend heraufbeschwören. Die blitzblanken »Theme Parks« von Disney, Seaworld und Universal Studios gaukeln den Besuchern ferne Länder, andere Zeiten und Phantasieabenteuer vor: heile Urlaubswelten aus der Retorte, die mittlerweile weltweit nachgeahmt werden. Auch die Hotels ringsum haben sich dem Trend angeschlossen. »Fantasy-Architektur« heißt das neue Schlagwort in der Hotelbranche. Die besten postmodernen Architekten wie Michael Graves oder der Japaner Arata Isozaki bauten spektakuläre Phantasiepaläste wie z. B. das »Dolphin« oder das »Swan Hotel«.

»Papa« Hemingway in Key West

Zahlreiche amerikanische Schriftsteller, darunter John Dos Passos, Elizabeth Bishop, Robert Frost und Tennessee Williams, kamen über die Jahre nach Florida, zumeist um Urlaub zu machen und die Sonne zu genießen. Doch kein Literat ist mit Florida enger verknüpft als der Nobel- und Pulitzerpreisträger Ernest Hemingway, der gut zehn Jahre auf Key West lebte.

Im April 1928 kam Hemingway mit seiner damaligen Frau Pauline erstmals nach Key West. Die Stadt gefiel ihm auf Anhieb – dass die Prohibition in Key West nicht sehr ernst genommen wurde, hat dazu sicherlich beigetragen. Hemingways Sauftouren mit »Sloppy Joe« Russell, dem Besitzer der gleichnamigen Bar, und anderen trinkfreudigen Freunden sollten legendär werden.

Mit finanzieller Hilfe von Paulines Onkel kaufte Hemingway 1931 ein altes Haus auf der Insel und ließ es renovieren. Und dann begann eine wilde und produktive Zeit für den Schriftsteller: Frühmorgens schrieb er, nachmittags fuhr er mit Freunden zum Hochseeangeln, abends wurde bei »Sloppy Joe's« gebechert. In dieser Bar lernte Hemingway 1936 auch Martha Gellhorn kennen, die seine dritte Frau werden sollte und mit der er in den 1940er Jahren nach Kuba zog.

Während seiner Jahre in Key West schrieb Hemingway Klassiker wie »Tod am Nachmittag«, einen Essay über den spanischen Stierkampf, und »Schnee auf dem Kilimandscharo«, eine Kurzgeschichte über seine Erlebnisse auf einer Safari. Er verfasste aber auch Werke, die seinem Leben auf den Keys entsprangen, wie »Inseln im Strom« oder den sozialkritischen Roman »Haben und Nichthaben«.

Veranstaltungskalender

2. Wochenende im Januar: Mit Oldtimerparaden, Straßenständen und Musik feiert Miami Beach beim **Art Deco Weekend** seine Architekturgeschichte.

2. Wochenende im Februar: An den Tänzen und Feiern beim **Seminole Tribal Fair** in Hollywood südlich von Fort Lauderdale nehmen Angehörige von 300 Indianerstämmen der USA teil.

Mitte Februar: Edison Festival of Light. Mit einer Lichterparade wird in Fort Myers der Erfinder der Glühbirne geehrt (s. S. 75).

Mitte Februar: Daytona 500, das berühmteste Stockcar-Rennen Amerikas, bei dem speziell präparierte Autos zu Schrott gefahren werden (s. S. 81).

Mitte Februar: Coconut Grove Arts Festival. Traditionsreiches Künstlerfest mit Straßenausstellungen und Musik.

3. Wochenende im Februar: Silver Spurs Rodeo. In Kissimmee bei Orlando treten Profi-Cowboys aus ganz Amerika an.

1. Woche im März: Daytona Bike Week. Weltweit größtes Biker-Treffen mit Rennen und riesiger Ausstellung von Harley-Davidsons.

Ende März: Zu den **Nasdaq-100 Tennis Championships** reisen die besten Tennisspieler der Welt nach Key Biscayne, Miami.

4. Juli: Am amerikanischen **Unabhängigkeitstag** werden in vielen Orten Floridas Paraden abgehalten, und man trifft sich zum traditionellen Picknick. Abends steigen große Feuerwerke.

Mitte Juli: Bei den **Hemingway Days** in Key West wird der schönste Papa-Ernest-Bart prämiert.

Ende Oktober: Die **Fort Lauderdale Boat Show,** Amerikas größte Bootsmesse, zeigt die schönsten Jachten der Neuen Welt.

31. Oktober: Halloween. Überall in Florida verkleiden sich die Kinder und ziehen durch die Straßen. Beim skurrilen **Fantasy-Fest** in Key West dürfen auch die Erwachsenen mitspielen. Schwule aus ganz Amerika reisen in den phantasievollsten Kostümen an.

Anfang November: Das **Florida Seafood Festival** in Apalachicola widmet sich ganz dem Thema Austern (s. S. 93).

Anfang Dezember: In Anlehnung an die renommierte Schweizer Kunstmesse richtet Miami Beach die **Art Basel** aus, Amerikas größte Kunstshow.

Mitte Dezember: In vielen Hafenorten werden Jachten und Fischerboote mit Lichterketten festlich geschmückt. Abends finden **Boat Parades** statt, etwa in Palm Beach, Fort Lauderdale und Fort Myers.

Essen und Trinken

Wer befürchtet, sich in Florida nur von Hamburgern ernähren zu müssen, wird angenehm überrascht. Natürlich gibt es überall Fast-Food- und Pizzalokale, und bei einem Football-Spiel darf auch ein Hot Dog nicht fehlen. Aber die Zeiten sind vorüber, da in den Restaurants nur Steaks und frittierte Hühnchen serviert wurden. Florida ist an der Ostküste neben New York zum Trendsetter in Sachen Essen geworden. Mittel- und südamerikanische Einflüsse wie auch die Ansprüche der vielen internationalen Besucher haben die amerikanische Küche bereichert. Die Palette ethnischer Restaurants reicht von thailändisch über koscher bis griechisch.

Viele frische Zutaten

Größter Pluspunkt Floridas ist die Verfügbarkeit frischer Zutaten – und das rund ums Jahr. Gemüse wird den ganzen Winter über in Südflorida angebaut. Ähnlich ist es mit dem Obst. Vor allem Orangen und Grapefruits kommen zum Frühstück meist als Säfte frisch auf den Tisch. Für die Hauptgerichte auf den Speisekarten liefern die Rinderweiden im Binnenland Nordfloridas saftige Steaks und die warmen Gewässer des Atlantik und des Gulf of Mexico hervorragenden frischen Fisch. Seebarbe *(red snapper)*, Goldmakrele *(pompano)* und Schwertfisch *(swordfish)* zählen zu den beliebtesten Speisefischen. Manchmal findet man auch *dolphin* auf dem Teller – aber das ist dann nicht etwa das Fleisch des liebenswerten Flipper aus dem Ozeanarium, sondern ein vorzüglicher Speisefisch mit gleichem Namen.

Regionale Spezialitäten

Die einzelnen Regionen Floridas haben ihre jeweiligen Spezialitäten: Die besten Austern kommen aus Apalachicola im Norden Floridas, Spezialitäten der Keys sind Steinkrabben (nur im Winter) und *conchs*, große Meeresschnecken, die mit Maismehl frittiert als »Conch Fritters« oder in sämiger Suppe als »Conch Chowder« serviert werden. Unbedingt probieren sollten Sie die berühmteste Nachspeise Floridas: »Key Lime Pie«, einen sahnigen, pastellgrünen Limonenkuchen aus zartem Blätterteig.

In der Region Miami können Sie dank der vielen kubanischen Einwanderer authentische kubanische Gerichte versuchen: dick belegte *Cuban sandwiches* zum Beispiel, *arroz con pollo* (Hühnchen mit gelbem Reis) oder *lechón asado* (mariniertes Spanferkel). Dazu gibt es *plátanos* (Kochbananen) und hinterher einen *café cubano*, einen gesüßten starken Kaffee, serviert in winzigen Tassen.

In Nordflorida hingegen wird mancherorts noch nach Art der Südstaaten gekocht: deftige Portionen von *barbecued chicken* (Huhn vom Holzkohlengrill) mit *yams* (Süßkartoffeln), *hush puppies* (Maismehlkroketten) und *cornbread* (Maisbrot). Sehr beliebt ist es auch, Gerichte nach kreolischer Art *blackened* zuzubereiten: Fisch oder Fleisch wird gut gewürzt so heiß angebraten, dass außen eine schwarze, fast verbrannte Kruste entsteht und das Innere besonders zart bleibt.

In kleineren Orten wird abends bereits ab 17.30 Uhr gegessen, um 21 Uhr gehen in vielen Lokalen schon die Öfen aus. Und in den meisten Restaurants sucht man sich den Platz nicht selbst, sondern wird von der *hostess* zum Tisch geführt.

Karibische Cocktails

In den Bars trinken die Amerikaner meist Bier oder auch karibische Cocktails wie Rum Runner, Banana Daiquiri oder Bahama Mama. Zum Essen wird fast immer Eiswasser serviert, dazu bestellt man (recht dünnes) amerikanisches bzw. (stärkeres) importiertes Bier oder auch kalifornischen Wein. Als nicht alkoholische Getränke gibt es Eistee, Cola oder den – ebenfalls sehr dünnen – amerikanischen Kaffee.

Apalachicola-Auster

New World Cuisine

Jahrzehntelang wurde den Touristen in Florida deftige amerikanische Massenkost vorgesetzt: Steaks und frittierter Fisch und dazu Kartoffeln und Gemüse aus der Dose. Erst mit der Nouvelle Cuisine in Europa hielt auch in Amerika ein neuer Trend Einzug: In New York wurde in den 1980er Jahren die »New American Cuisine« kreiert, die Köche in Miami schufen dagegen die »New World Cuisine«. Frische Basisprodukte aus der Region, leichte Soßen, innovative Zubereitungsarten und vor allem die Einflüsse aus der Karibik, Kalifornien und Fernost hielten Einzug in die Küchen der jungen, experimentierfreudigen Chefs.

Um eine Vorstellung von diesen Kreationen zu bekommen, sei hier ein Blick auf eine Speisekarte gewährt, die schon beim Lesen Gelüste weckt: *pan-seared tuna* in *limesauce* (scharf angebratener Thunfisch in Limettensoße), Entenbrust mit Papaya-Ingwer-Soße, pikante kubanische Blackbean-Suppe, *coconut shrimp* (in Kokosraspel gebackene Krabben) mit Salsa aus Papayas und Mangos, Schwertfisch mit Sesam-Honig-Kruste, dazu Blattspinatsalat mit Himbeer-Walnuss-Vinaigrette, jamaikanisches Jerk-Chicken auf Curry-Mandarinen-Reis, mexikanische *Quesadillas,* gefüllt mit Lammstücken oder Krebsfleisch, karibischer Hummer mit Knoblauch-Butter-Soße und Safran-Mango-Reis. Der Phantasie sind keine Grenzen gesetzt ...

Mittlerweile hat sich die neue Kochkunst über den ganzen Staat verbreitet und ist zum Klassiker geworden. Sogar in der Provinz findet man immer öfter Restaurants, die der alten, schweren amerikanischen Kost abschwören und den Köchen Miamis auf den neuen Pfaden folgen. Die Weißbemützten in den Szene-Restaurants am Ocean Drive von Miami kochen jedoch nach wie vor an vorderster Front der Innovation. Das muss nicht heißen, dass es auch immer gelingt, aber interessant ist es allemal.

Urlaub aktiv

Florida ist ein Wassersportrevier erster Güte. Die Zahlen sprechen für sich: rund 13 000 km Küstenlinie, gut 1800 km Sandstrände, dazu 1700 Flüsse und an die 10 000 Binnenseen. Und das Schönste dabei ist: Das Wasser ist warm, im Sommer bis zu 30 °C, im Winter mindestens 22 °C. Überall flitzen in Strandorten Wasserskifahrer, Windsurfer und Jet-Skis über die in der Sonne glitzernden Kanäle und Buchten. Weiter draußen im Meer ziehen Segelboote und Katamarane ihre Bahnen. Und wer sich noch einen zusätzlichen Adrenalinstoß gönnen will, hebt zum Parasailing ab.

In den zahlreichen Marinas sind kleinere Motorboote, Katamarane oder Segelboote auch ohne Bootsführerschein zu chartern. Für längere Törns kann man große Segelboote sowie luxuriöse Jachten mit Skipper anmieten. Sportangler werden in Florida ihr Paradies finden: Von Fort Lauderdale und Islamorada aus fahren die Charterboote hinaus aufs Meer, um Jagd zu machen auf rekordverdächtige Segelfische und Marlins – allerdings zu gesalzenen Preisen.

Echtes Surfing, also Wellenreiten, ist nur an der Ostküste möglich, wo der Atlantik große Wellen an die Küste donnern lässt. Die Wellen des Golfs an der Westküste sind dazu meist zu zahm. Beliebtestes Surferrevier ist die Region zwischen Cocoa Beach und Palm Beach. Windsurfen ist heute ebenfalls sehr beliebt und weit verbreitet. Vor allem in den großen, geschützten Buchten wie etwa der Biscayne Bay vor Miami oder bei Fort Myers bieten sich gute Bedingungen. Surfgerät wird sowohl von den Hotels als auch an kleinen Ständen an den Causeways vermietet.

Ideale Bedingungen für Windsurfer

Tauchen und Schnorcheln

Die schönste, abwechslungsreichste Unterwasserwelt wartet auf den Keys, hier liegt das einzige Korallenriff Nordamerikas. Pennekamp State Park, Looe Key und die Dry Tortugas zählen zu den beliebtesten Tauchrevieren, aber auch Schnorchler kommen auf ihre Kosten, da die Riffe häufig nur wenige Meter unter der Wasseroberfläche liegen. Sehr beliebt ist hier das Wracktauchen, denn in den letzten Jahrhunderten sind vor den Keys rund 4000 Schiffe gesunken. Heute werden sogar absichtlich Schiffe zur Riffbildung versenkt wie etwa im Jahr 2002 die »Spiegel Grove« vor Key Largo. Das 155 m lange Marineschiff ist heute ein Topziel für Wracktaucher.

> Dive-Shops und Tauchschulen findet man v. a. auf Key Largo und in Key West (s. Special S. 6 f.).

Auch in den Gewässern vor Fort Lauderdale, vor Sarasota und Fort Myers kann natürlich getaucht werden.

Urlaub aktiv

⭐ Bei Crystal River nördlich von Tampa erlebt man mit etwas Glück die seltenen Seekühe, Manatis: **Plantation Inn Marina,** 9301 West Fort Island Trail, Crystal River, Tel. 352/795-5797 (s. auch Special S. 6 f.).

Kanu fahren

Florida ist auch ein ausgezeichnetes Ziel für Kanutouren. Man gleitet auf stillen Kanälen und Flüssen durch Sumpflandschaften, an moosbehangenen Eichen vorbei, und im kristallklaren Quellwasser kann man Fische beobachten. Die schönsten Flüsse für Kanufahrten liegen im Norden: der Blackwater River, der Chipola River und der Suwanee River. Kanuvermieter gibt es in den kleinen State Parks am jeweiligen Fluss, z. B. am Blackwater River bei **Adventures Unlimited** (Hwy. 87, Milton, Tel. 850/ 623-6197, www.adventuresunlimited.com).

Im Everglades N. P. haben die Rangers sogar eine rund einwöchige Kanuroute mit Zeltplätzen in der Wildnis angelegt (Kanuvermietung in Flamingo; geführte Touren: **North American Canoe Tours,** P. O. Box 5038, Everglades City, Tel. 239/695-3299, www.evergladesadventures.com).

Sport zu Lande

Auch trockenen Fußes kann man in Florida einiges unternehmen. Immer beliebter werden Radtouren, ganz schlicht mit dem Touringrad. Der Verleih kann meist über das Hotel organisiert werden. Im Shark Valley am Nordeingang des Everglades National Park radelt man auf autofreier Strecke an Alligatoren und Silberreihern vorbei; auf Sanibel Island ist die ganze Insel mit Radwegen bestens erschlossen.

An den Flüssen Nordfloridas gibt es zahlreiche Kanuvermieter

Mit Abstand die beliebteste Sportart im Sonnenstaat ist Tennis. Nicht umsonst werden auf Key Biscayne und Amelia Island zwei der bekanntesten Tennisturniere veranstaltet. Fast jedes Hotel besitzt eigene Plätze, und viele größere Hotels bieten Kurse an. Wer höher hinaus möchte, kann sich sogar in der **Tennis Academy** von Nick Bolletieri schulen lassen (5500 34th St. W., Bradenton, Tel. 941/755-1000).

Für Golfer ist Florida ein Paradies: Gut 1000 Plätze gibt es; jedes größere Hotel hat einen eigenen oder kann zumindest Tee-Times für den Platz nebenan vermitteln. Die berühmte **PGA-Tour** mit Stars wie Tiger Woods hat ihr Hauptquartier in Florida (112 PGA-Tour Blvd., Ponte Vedra Beach, Tel. 904/285-3700; mit Golfplatz). Weitere Zentren sind das World Golf Village bei St. Augustine, Amelia Island, Palm Beach und Boca Raton sowie Sarasota, Fort Myers und Naples.

ℹ️ Berühmt sind die Golfermekkas nördlich von Tampa, beide mit mehreren Plätzen und Golfschule:
▎**Westin Innisbrook,** 36750 US Hwy. 19 N., Palm Harbor, Tel. 727/942-2000, www.westin-innisbrook.com
▎**Saddlebrook Resort,** 5700 Saddlebrook Way, Wesley Chapel, Tel. 813/973-1111, www.saddlebrook.com

Unterkunft

🏠 Egal ob Luxus, pauschal, campen oder Rundreise – Florida lebt vom Tourismus, und entsprechend groß ist auch die Auswahl an Unterkünften: Von edlen, eleganten Golfresorts und noblen Strandhotels zu historischen Gasthäusern, von riesigen Ferienanlagen mit Südsee-Poollandschaften zu einfachen, sehr preisgünstigen Motels und Ferienapartments ist alles zu finden.

Biltmore Hotel in Miami – hier wohnten schon die Windsors

Hotels und Motels

Der Standard der Hotels und Motels ist im Allgemeinen sehr gut: Telefon, Fernsehen, eigenes Bad oder Dusche gehören auch in den kleineren Motels zur Grundausstattung der Zimmer. Fast alle größeren Ferienhotels haben phantasievoll gestaltete Swimmingpools, Golf- oder Tennisplätze und vermieten Surfbretter, kleine Segelboote und anderes Strandgerät.

Während einer Rundfahrt kann man sowohl in Strandorten als auch im Landesinneren preisgünstig in den Häusern der so genannten Economy Motels übernachten. Hierzu zählen etwa die Ketten Motel 6, Super 8, Hampton Inn, La Quinta oder Econo Lodge. Man kann innerhalb dieser Ketten Reservierungen von einem Motel zum nächsten vornehmen.

Bed & Breakfast

B & B – meist in liebevoll restaurierten viktorianischen Häusern und historischen Gasthöfen – hat sich in Florida erst in den letzten Jahren verstärkt verbreitet. In den häufig mit Antiquitäten eingerichteten B & Bs liegt der Preis etwas höher, meist zwischen 70 und 120 $, in luxuriös ausgestatteten Suiten manchmal weit darüber. Die meisten B & Bs findet man in den älteren Orten der nördlichen Atlantikküste sowie im Panhandle. Aber auch in Südflorida entstehen laufend neue Inns; Adressen gibt's in den Visitors Bureaus.

Jugendherbergen

Herbergen von Hostelling International USA gibt es nur in Miami Beach und Florida City. Eine frühzeitige An-

> ### Reservierung
>
> Über die in den USA gebührenfreien 1-800-, 877- oder 888-Nummern (zu finden im Branchenverzeichnis, Yellow Pages) ist es möglich, ein Zimmer selbst zu reservieren, am besten unter Angabe einer Kreditkartennummer, da man sonst spätestens bis 18 Uhr einchecken muss.

meldung ist unbedingt zu empfehlen. Infos unter www.hiusa.org. Weitere Backpacker-Hostels gibt es in vielen anderen Städten, Infos unter www.hostels.com.

Camping

Überall in den State Parks und auch im Everglades National Park findet man einfach ausgestattete, meist schön gelegene **staatliche Campingplätze** (Gebühren 10–28 $). Zu jedem Stellplatz gehört oft eine Feuerstelle und eine Holztisch-und-Bank-Kombination; Waschgelegenheit (manchmal mit Duschen) und Toiletten sind nahebei. Campingplätze im Everglades N. P. können unter Tel. 800/365-2267 vorab per Kreditkarte reserviert werden, die Campingplätze der State Parks unter Tel. 800/326-3521. Ansonsten sollte man möglichst früh am Tag kommen, um sich einen Platz für die Nacht zu sichern. Das System ist »first come, first serve«, also wer zuerst kommt, mahlt zuerst.

Die zahlreichen **privaten Campingplätze** sind zumeist sehr gut ausgestattet (Preis pro Nacht für zwei Personen: 20–40 $). Zu den besten gehören die Plätze der Kette KOA.

Jährlich überarbeitete Campingführer sind: »Woodall's Tenting Directory« und »Rand McNally Campground and Trailer Park Guide«; die KOA-Kette gibt einen eigenen Führer heraus, den man bei jedem ihrer Plätze gratis erhält.

Hotelketten

Aktuelle Hotelführer kann man bei den Vertretungen der großen Hotelketten anfordern. Die meisten bieten zur Reservierung gebührenfreie Nummern innerhalb Deutschlands.

- **Best Western Hotels,**
Tel. 01 80/2 21 25 88, (A 08 00/ 29 51 94, CH 08 00/55 23 44), www.bestwestern.de
- **Choice Hotels (Quality Inns, Clarion Hotels, Comfort Inns, Econo Lodge, Rodeway Inn, Sleep Inns, Mainstay Suites),**
Tel. 08 00/1 85 55 22, (A 08 00/ 80 04 48 00, CH 08 00/55 91 38), www.choicehotels.com
- **Days Inn, Howard Johnson Hotels, Ramada Hotels, Super 8 Motels und Travelodge,**
c/o Herzog HC, Tel. 01 80/5 24 10 10 oder 0 69/4 20 89 00, www.daysinn.com und www.carrera.de
- **Hilton Hotels,** Tel. 0 08 00/ 88 84 48 88, www.hilton.de
- **Hyatt Hotels,** Tel. 0 18 05/ 23 12 34, (A 08 00/29 36 00, CH 08 00/55 47 72), www.hyatt.de
- **Intercontinental Hotels Group (Holiday Inn und Holiday Inn Express, Crowne Plaza),**
Tel. 08 00/1 81 60 68, www.holiday-inn.de
- **Marriott Hotels,**
Tel. 08 00/1 85 44 22, (A 08 00/ 29 67 03, CH 08 00/55 01 22), www.marriott.de
- **Motel 6, Red Roof Inn,**
c/o Accor Hotels,
Tel. 0 69/95 30 75 95,
www.accorhotels.com oder www.motel6.com
- **Starwood Hotels (Sheraton, Four Points, W Hotels, Westin Hotels),**
Tel. 0 08 00/32 53 53 53,
www.starwood.com

Reisewege und Verkehrsmittel

Anreise

Die Lufthansa bietet tägliche Nonstop-Flüge von Frankfurt/M. nach Miami an. Daneben gibt es von allen größeren deutschen Flughäfen gute Umsteigeverbindungen mit amerikanischen Airlines. Delta Airlines fliegt von mehreren Städten Deutschlands aus über das Drehkreuz Atlanta die meisten Städte Floridas an, Continental Airlines bietet Flüge über New York/Newark. Die wichtigsten Einreiseflughäfen in Florida sind Miami und Orlando, wobei man besonders bei der Ankunft am Miami International Airport vorsichtig sein sollte (s. S. 100). Bei Umsteigeverbindungen kann man auch kleinere Städte in Florida ansteuern.

Durch den ständigen Preiskampf der Airlines auf den Nordatlantikrouten und durch den drastischen Rückgang der Passagierzahlen nach den Attentaten vom September 2001 sind die Flugpreise nach Florida relativ stabil geblieben. Der sinkende Dollarkurs hat jedoch seit 2004 einen neuen Boom ausgelöst und die Flugkapazitäten ausgeschöpft. Ein Preisvergleich lohnt sich immer. Je nach Saison können die Preise zwischen 450 und 900 € in der Touristenklasse schwanken – erkundigen Sie sich im Reisebüro nach Sondertarifen. Für Jugendliche bis 24 Jahre und Studenten bis 26 Jahre gibt es bei der Lufthansa auch günstige **Jugendtarife.** Nicht immer, aber meist etwas günstiger als die Sondertarife der Linienflüge sind die **Charterflüge** etwa mit LTU oder Condor nach Daytona, Fort Lauderdale, Tampa und Fort Myers. Allerdings legt man sich dann auf feste Flugtermine fest und kann nicht umbuchen. Zahlreiche Reiseveranstalter bieten günstige **Pauschalreisen** an, die neben einem Linien- oder Charterflug auch Unterkunft und Mietwagen einschließen – erkundigen Sie sich im Reisebüro. Außerdem kann man sich individuelle Reisen als Fly-Drive-Tour mit fest gebuchten Hotels zusammenstellen lassen.

Reisen im Land

Zwar wird man wegen der vergleichsweise kurzen Entfernungen kaum fliegen müssen, doch da Mietwagen überall innerhalb Floridas meist ohne Rückführgebühr zurückgegeben werden dürfen, kann man eine Reise etwa von Miami oder Orlando bis Pensacola planen und von dort mit einem Inlandsflug wieder zurückkehren. Für weitere Inlandsflüge auch in andere Regionen der USA lohnt der Kauf eines Rundflug- oder Stop-over-Tickets, wie sie von allen größeren Airlines angeboten werden. Auskünfte erteilen die Reisebüros.

Die in allen größeren Orten vertretenen Büros der American Automobile Association (AAA) stehen auch Mitgliedern der europäischen Clubs mit Rat und Tat zur Seite. Gültigen Mitgliedsausweis nicht vergessen! Die AAA hilft u. a. mit Tour-Books, Routentipps und Landkarten.

Auto fahren

Aufgrund des nur sehr weitmaschigen öffentlichen Verkehrsnetzes kommt man für eine Besichtigungstour in Florida um ein Fahrzeug nicht herum. Es ist meist preiswerter, den Mietwagen oder -camper bereits von zu Hause aus zu buchen. Dann sind die in Florida sehr teure Vollkaskoversicherung und unbegrenzte Meilen bereits im günstigen Pauschalpreis inbegriffen. Man muss in der Regel 21/25 Jahre alt und im Besitz eines nationalen Führerscheins sein, der internationale Führerschein hilft manchmal bei Polizeikontrollen. Eine Kreditkarte erleichtert die Anmietung. Ohne sie muss man eine Bar-Kaution hinterlegen.

Bahn

Die amerikanische Bahngesellschaft Amtrak bietet mehrere Pässe an, die für 15/30 Tage zu beliebig vielen Fahrten berechtigen (nur außerhalb der USA zu kaufen!). Der **East Rail Pass** gilt für den gesamten Osten der USA einschließlich Florida, wo Amtrak rund 20 Städte v. a. entlang der Atlantikküste bedient. Insgesamt führen nur zwei Linien durch Florida, sodass sich die Bahn zum Sightseeing nicht gut eignet. Lohnend ist dagegen als größere Tour eine Fahrt mit dem **Sunset Limited** von Orlando über New Orleans bis zur Pazifikküste.

Mit diesen Minis hat man in Key West sicher keine Parkplatzprobleme

Auskunft über Fahrpläne und *Rail Passes* geben die Vertretungen der Amtrak:
▌ **CRD International,** Stadthausbrücke 1–3, 20355 Hamburg, Tel. 0 40/3 00 61 60, www.crd.de und www.amtrak.com.
▌ **Meso America-Kanada Reisen,** Wilmersdorferstr. 94, 10629 Berlin, Tel. 0 30/8 81 41 22, www.meso-berlin.de. Die Reisebüros nehmen Platzreservierungen an.

Verkehrsregeln

Die Verkehrsregeln entsprechen im Wesentlichen den europäischen. Die wichtigsten Unterschiede: Rechts zu überholen ist erlaubt, Höchstgeschwindigkeit außerhalb der Orte ist 55 Meilen (88 km/h), auf Autobahnen 65 Meilen (105 km/h), im Ort je nach Ausschilderung 15 bis 30 Meilen (24–48 km/h). In Florida darf man an roten Ampeln nach rechts abbiegen, sofern man niemanden behindert. An Schulbussen, die mit blinkender roter Warnleuchte halten, dürfen Sie nicht vorbeifahren – auch nicht aus der Gegenrichtung.

Bus

Das Streckennetz der Busgesellschaft Greyhound ist auch in Florida gut ausgebaut. Man muss allerdings etwas Zeit mitbringen, und wie bei der Bahn bleibt man auch mit dem Greyhound abseits der Sehenswürdigkeiten.

Greyhound bietet ausländischen Touristen den **Discovery Pass** an, der zwischen 4 und 60 Tagen zu beliebig vielen Fahrten berechtigt. Wichtig: Er muss bereits im Heimatland gekauft werden. Info unter www.discoverypass.com
▌ **Meso Amerika-Kanada Reisen**, s. o.
▌ **SK Touristik,** Im Südfeld 96, 48308 Senden-Boesensell, Tel. 0 25 36/34 59 10, www.sktouristik.de

Miami und Miami Beach

Karte Seite 39

Glitzerwelt und Sonnenstrände

Miami – allein der Name weckt schon viele Assoziationen. Man denkt an ewig strahlende Sonne, an endlose weiße Strände, an bunt gekleidete, braun gebrannte Menschen auf Surfbrettern oder Inline-Skates. Aber auch abschreckende Bilder kommen in den Sinn: Wirbelstürme, Rassenunruhen, Kriminalität. Abgerundet wird das Bild von Miami schließlich durch Serien wie »Miami Vice«, in denen sich hartgesottene Polizisten durch den Großstadtdschungel kämpfen. Wahr ist – wie so oft – von allem etwas.

Miami ist eine sehr widersprüchliche Stadt – faszinierend, schnelllebig, aufreizend und abstoßend zugleich, und vor allem geprägt von tropischem Flair: Hohe Palmen säumen die Boulevards, leuchtend rote Bougainvilleen setzen Akzente zwischen weiß gestrichenen Villen, und an den warmen, lauschigen Abenden brodelt das Szeneleben in den zahlreichen Terrassenlokalen und Cafés.

Keiner weiß, wie viele Einwohner der Moloch Miami heute hat. Man schätzt, dass rings um die Biscayne Bay zwischen Florida City und Fort Lauderdale rund 2,4 Mio. Menschen leben. Die Dunkelziffer der illegalen Einwanderer ist jedoch hoch. Man vermutet, dass bis zu 60 % der Einwohner spanischsprachig sind – Menschen, die aus Kuba und anderen mittelamerikanischen Ländern stammen. Zugleich ist dieses Miami als Tor zu Mittel- und Südamerika eines der wichtigsten Finanzzentren auf dem Kontinent. Jede Firma, jede Bank, die Geschäfte mit dem spanisch- und portugiesischsprachigen Teil Amerikas tätigt, hat eine Niederlassung in Miami.

Das moderne Miami ist geprägt von diesen Gegensätzen. Es gibt noble Viertel wie Coral Gables oder Bal Harbor, geschäftige wie die Innenstadt, Künstlerdomänen wie Coconut Grove oder aber sehr arme Stadtteile wie Liberty City, das fast ausschließlich von Schwarzen bewohnt ist. In Little Havana erinnert vieles eher an ein Viertel auf Kuba als an den Stadtteil einer US-amerikanischen Großstadt. Dennoch ist Miami durch und durch amerikanisch. Die Weißen sind zwar in der Minderheit, doch sie bestimmen das öffentliche Bild.

Und drüben schließlich am Atlantik, in Miami Beach, residieren die Touristen und die wohlhabenden Zugezogenen. Ein Viertel aller Touristenbetten Floridas steht auf dem lang gestreckten Inselstreifen jenseits der Biscayne Bay. Miami Beach – übrigens offiziell eine eigenständige Stadt – ist das Domizil der reichen Rentner, denn ein Viertel aller Amerikaner, die mit über 65 noch einmal den Wohnsitz wechseln, zieht nach Florida, die meisten davon nach Miami Beach.

Miami Beach ist aber auch der Nabel der Welt für alle Lebenskünstler, Sonnyboys und Möchtegern-Dandys. Auf der Flaniermeile Ocean Drive oder an der Lincoln Road geben sich im brodelnden Gewimmel Touristen, Selbstdarsteller und Fotomodelle ein Stelldichein. Sie sitzen in den unzähligen Straßencafés, beobachten das Treiben und freuen sich, dass das Leben so easy zu sein scheint.

Im Art-déco-Viertel von Miami Beach

CAVALIER

Geschichte

Bereits im 17. Jh. landeten die Spanier an der Mündung des Miami River in die Biscayne Bay. Doch es war heiß und schwül, und die Moskitos machten ihnen ebenso zu schaffen wie die höchst unfreundlichen Tequesta-Indianer, aus deren Sprache auch der Name der späteren Stadt stammt: *Mayaime* bedeutet so viel wie »süßes Wasser«. Erst 150 Jahre später kamen Siedler aus den Nordstaaten Amerikas. Den Wandel zur aufstrebenden Weltstadt brachte die Eisenbahn: Der Magnat Henry Flagler hatte 1890 seine Schienenstränge bis in den Norden Floridas geführt. Da wurden ihm einige Orangenblüten in den Norden geschickt, wo gerade ein starker Frost die gesamte Ernte vernichtet hatte. Entgegen dem ursprünglichen Plan wurden bis 1896 Schienen bis hinab nach Miami verlegt. Die Zukunft der Stadt war gesichert.

Der Geschäftsmann John Collins erkannte schnell die Zeichen der Zeit und legte die versumpfte Insel trocken, auf der wenig später Miami Beach entstand. Bereits 1915 war die Feriensiedlung vor den Toren Miamis eine eigene Stadt und eroberte sich bald den Rang des berühmtesten Badeortes der USA.

Der Zweite Weltkrieg verschaffte dem Miami-Tourismus einen weiteren Kick. Die Army richtete Ausbildungslager in Florida ein, und Zigtausende GIs kamen so zum ersten Mal in den Sonnenstaat – und später als Urlauber wieder. 1959 rief Castro die Revolution aus, 200 000 Kubaner flüchteten nach Miami und trugen so zu einer kulturellen Bereicherung der Stadt bei. Allerdings verschärfte dies auch die Rassenkonflikte. 1968 und 1980 kam es im »schwarzen« Stadtteil Liberty City zu schweren Unruhen.

Unter dem negativen Image der Stadt litt während der 1970er Jahre auch der Tourismus. Doch seit Mitte der 1980er Jahre liegen Miami und Miami Beach wieder im Trend, und Gloria Estefan, Madonna und andere Stars leben hier in millionenteuren Villen – auch wenn einer der berühmtesten des Jetset, Gianni Versace, hier einem Attentat zum Opfer fiel.

Sehenswürdigkeiten in Miami Beach

Miami Beach, das durch fünf Brücken mit dem Festland verbunden ist, ist für viele Besucher der attraktivste Teil der Megalopole. Fast 300 000 Menschen finden in der 90 000-Einwohner-Stadt ein Hotelbett, entweder in einem der alten Apartmentbauten, in einem der originellen Art-déco-Hotels oder in einer der Luxusherbergen an der Collins Avenue oder dem Ocean Drive.

Art déco

Rund um den Ocean Drive haben während der 1920er und 1930er Jahre die besten Baumeister Miamis ihre Träume von Art déco verwirklicht. Der **Art Deco District** von South Miami Beach gilt als eines der schönsten Ensembles dieser Stilrichtung weltweit und ist heute als perfektes Anschauungsobjekt Ziel ganzer Architektur-Semester aus aller Herren Länder.

Art déco entstand Anfang des 20. Jhs. in Paris, fand aber schnell den Weg über den Atlantik. Man baute mit Stahlbeton, sodass auch die futuristischsten Stromlinienformen zu verwirklichen waren. Nichts

Zentrum allen Geschehens ist der **Ocean Drive ❶**, die Strandpromenade im restaurierten ****Art-déco-Viertel** zwischen der 5th und 15th Street. Hier spaziert jeder entlang, der reich, berühmt, neugierig, liebesdurstig oder erlebnishungrig ist. Man sitzt in einem der zahllosen Straßencafés oder Restaurants, gibt sich lässig und beobachtet den Trubel. Am Ocean Drive beginnt auch der breite Sandstrand, der die Insel zum Atlantik hin säumt.

Für Kunstinteressierte bietet sich ein Besuch im **Bass Museum ❷** (2121 Park Ave.) an. In einem Bau von Arata Isozaki sind v. a. Werke alter Meister ausgestellt, u. a. Rembrandt und El Greco.

Einen wichtigen Kontrast zum leichten Leben in Miami Beach bildet das ***Holocaust Memorial ❸** an der Ecke Meridian Ave./Dade Blvd. Das Mahnmal in Form einer 12 m hohen bronzenen Hand wurde von der jüdischen

Holocaust Memorial

Gemeinde Miamis errichtet und erinnert an die Verfolgung der Juden im Zweiten Weltkrieg.

Von South Beach führt die Collins Avenue nach Norden bis zur renovierten **Lincoln Road,** einem weiteren beliebten Flanierviertel. Nördlich davon liegen an der Collins Avenue die meisten Großhotels der Stadt, die vorwie-

Karte Seite 37

---

war unmöglich, man kreierte Fassaden mit pastellfarbenen Ornamenten, machte die häufig mit steinernen Augenbrauen verzierten Fenster mal rund, mal eckig und setzte den Häusern farbige Hüte aus Neonröhren auf. »Streamline-Moderne« und »Mediterranean Revival« waren die Schlagwörter der Stunde. Dem Zahn der Zeit widerstanden die massiv gebauten Art-déco-Häuser, doch Ende der 1970er Jahre wäre beinahe das ganze Viertel dem Erdboden gleichgemacht worden. Zum Glück setzte sich gerade noch rechtzeitig eine Bürgerinitiative vehement gegen die anrückenden Bulldozer ein. Heute stehen über 800 der verspielten, witzigen Bauten unter Denkmalschutz; viele wurden aufwändig renoviert und werden heute als stilvoll-nostalgische Hotels geführt.

Führungen durch das Viertel veranstaltet Mi, Fr, Sa, So um 10.30 und Do um 18.30 Uhr das **Art Deco Welcome Center** (1001 Ocean Dr., Tel. 305/672-2014, www.mdpl.org; Ausstellungen, Info-Broschüren, Führungen mit deutschsprachigen Hör-Cassetten). Besonders sehenswerte Art-déco-Gebäude sind: **Essex House** (1001 Collins Ave.), **Cardozo Hotel** (1300 Ocean Dr.), **Marlin Hotel** (1200 Collins Ave.), **Park Central Hotel** (640 Ocean Dr.)

Miami und Miami Beach

Karte Seite 37

gend während der 1950er Jahre entstanden. Schönstes Beispiel ist das **Fontainebleau Hilton ❹** (4441 Collins Ave.), ein traditionsreicher Komplex mit einem riesigen, aus vielen Filmen bekannten Wandgemälde und einem langem Privatstrand.

⭐ **The Wolfsonian,** 1001 Washington Ave., Miami Beach, Mi geschl. Ein Tipp für Design-Freunde: In einem prächtig restaurierten Artdéco-Lagerhaus werden wechselnde Ausstellungen über Künstler des Art déco und anderer Stilrichtungen aus der Zeit nach 1900 gezeigt.

Sehenswürdigkeiten in Miami

Downtown
Die Innenstadt von Miami ist nicht besonders groß, dafür wurde aber in die Höhe gebaut: Die Bürotürme, die die charakteristische Skyline der Stadt bilden, stehen alle in Downtown.

Der **Bayfront Park ❺** ist eine der beliebtesten Attraktionen Miamis. Direkt am Ufer der Biscayne Bay entlang erstreckt sich hier der ***Bayside Marketplace,** ein weitläufiger Komplex mit über 150 Boutiquen, Restaurants, Cafés und Galerien. Ein Bummel kann Stunden dauern, und man kann den Blick hinüberschweifen lassen zum **Port of Miami,** dem größten Kreuzfahrthafen der Welt. Mit dem Metromover oder zu Fuß über die Flagler Street, die Hauptstraße von Downtown, gelangt man zum **Metro-Dade Cultural Center ❻**. Dort liegen um einen spanisch anmutenden Platz die Kulturtempel Miamis: Im **Miami Art Museum** werden jährlich ca. 15 Wanderausstellungen moderner Kunst gezeigt (Di–Fr 10–17, Sa/So 12–17 Uhr, www.miamiartmuseum.org). Nebenan stellt das **Historical Museum of Southern Florida** die Geschichte Südfloridas höchst anschaulich dar.

⭐ **Parrot Jungle Island ❼**, Watson Island, MacArthur Causeway. Der gut 7 ha große tropische Naturpark ist ein Paradies für Familien und Hobbyfotografen: mit gut 3000 knallbunten Papageien, Alligatoren, Schlangen und Flamingos in einer idyllischen Lagune sowie zahlreichen Shows mit Vögeln. Interessant für Familien: Gegenüber liegt das große **Miami Children's Museum.**

Von Downtown nach Süden führt die **Brickell Avenue.** Südlich des Miami River ragen die Geldpaläste der Banken und Brokerfirmen in den Himmel – und so manchem Hinterzimmer werden wohl auch die Drogendollars der Kokainkönige Südamerikas gewaschen. Am Südende der Brickell Avenue beginnt der Rickenbacker Causeway, ein mautpflichtiger Damm, der nach Key Biscayne führt.

Key Biscayne
Die Düneninsel ist knapp 10 km lang und bildet die südöstliche Grenze der Biscayne Bay zum Atlantik. Key Biscayne zählt zu den teuersten Wohnge-

> **Metromover**
>
> Einen ersten Überblick über die Stadt verschafft man sich am besten mit den automatisch gesteuerten Wagen des Metromover. Diese kostenlose Hochbahn auf Stelzen umrundet in ihrem Downtown Loop in einer knappen Viertelstunde die gesamte Innenstadt. Die östlichste Station liegt am Bayfront Park.

Miami und Miami Beach

genden Miamis, ist aber auch wegen seiner (öffentlichen) Badestrände beliebt. Gleich am Anfang des Causeway, noch auf Virginia Key, lädt das 2005 neu gestaltete *Miami Seaquarium zum Besuch ein, eines der größten Ozeanarien in Florida. Man kann Delphinen beim Training zusehen, Seekühe beobachten, eine Haifütterung erleben oder ein nachgebautes Korallenriff erkunden (tgl. 9.30–18 Uhr, www.miamiseaquarium.org, Eintritt 28 $). Am Südende von Key Biscayne liegt die **Bill Bags Cape Florida State Recreation Area.** Der lange Strand beim historischen Leuchtturm ist ein beliebtes Baderevier.

Zurück auf dem Festland, liegt unmittelbar südlich des Causeway ein anachronistischer Bau aus der frühen Blütezeit Miamis, die **Villa Vizcaya** ❽ (3251 S. Miami Ave.). Der von herrlichen Gärten umgebene Palast im italienischen Renaissancestil wurde im Jahre 1916 von dem Industriellen James Deering erbaut. Die 34 Zimmer sind mit Antiquitäten und Kunstwerken ausgestattet. Fährt man den Bayshore Drive weiter südwärts, gelangt man nach Coconut Grove.

Coconut Grove

Aus Coconut Grove, dem einstigen Boheme-Viertel Miamis, sind die arrivierten Künstler heute längst nach Key Biscayne umgezogen, aber um Grand Avenue und Main Highway tummelt sich immer noch ein buntes und lebenslustiges Völkchen. In vielen Boutiquen werden verrückte Klamotten oder ausgefallene Souvenirs verkauft.

Karte Seite 37

❶ Ocean Drive
❷ Bass Museum
❸ Holocaust Memorial
❹ Fontainebleau Hilton
❺ Bayfront Park
❻ Metro-Dade Cultural Center
❼ Parrot Jungle Island
❽ Villa Vizcaya
❾ CocoWalk
❿ Barnacle Historic State Park
⓫ Biltmore Hotel

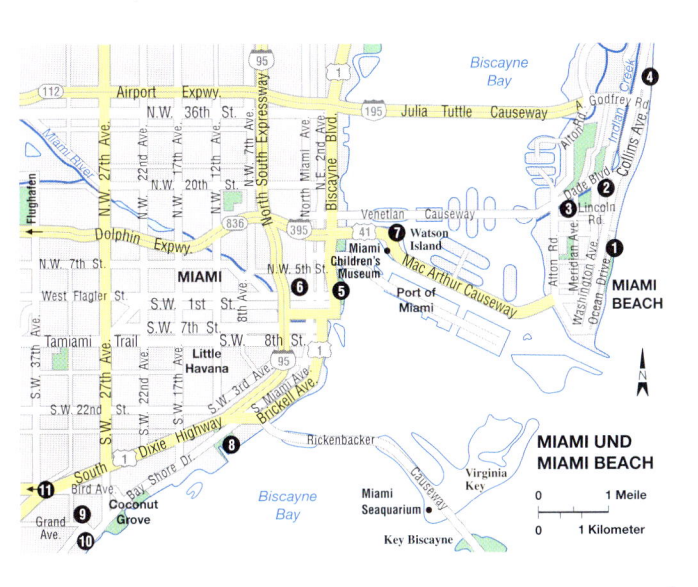

37

Miami und Miami Beach

Alte Männer beim Kartenspielen im Domino Park in Little Havana

Mittelpunkt des Viertels ist der **Coco-Walk** ❾ an der Grand Avenue und nebenan die Streets of Mayfair, ein verschachtelter Komplex mit Cafés, Restaurants und Boutiquen.

Monty's Raw Bar, 2550 S. Bayshore Dr., Tel. 305/856-3992. Der ideale Platz für die Happy Hour in Coconut Grove: Man sitzt am Wasser mit Blick über die Biscayne Bay und genießt frischen Fisch und tropische Drinks. ○○–○○○

Ist man mehr an dem alten Coconut Grove interessiert, so muss man nur einige Schritte hinüber zum **Barnacle Historic State Park** ❿ (3485 Main Hwy.) gehen. Dieses ehemalige Wohnhaus des Fotografen und Schiffsbauers Commodore Ralph Munroe ist zum Museum umgestaltet. Man erfährt z. B., dass hier vor vielen Jahren am Strand unzählige Kokospalmen wuchsen und der Stadtteil deshalb heute Coconut Grove (Kokoshain) heißt oder dass Munroe Schiffsrümpfe entwickelte, die besonders für die flachen Gewässer hier geeignet waren.

Coral Gables

Westlich von Coconut Grove beginnt eines der vornehmsten Viertel Miamis, Coral Gables. In den 1920er Jahren wurde hier von dem Immobilienmagnaten George Merrick eine typisch »mediterrane Siedlung« geschaffen – zumindest so, wie er sie sich vorstellte.

Hauptstraße ist der **Coral Way**, auch Miracle Mile genannt, an dem sich schöne Läden und exklusive Boutiquen reihen.

Der gewaltige Prunkbau des *Biltmore Hotels ⓫ (1200 Anastasia Ave.) mit 275 Zimmern wurde 1926 im Stil einer riesigen spanischen Hacienda erstellt und schnell zum Mittelpunkt des gesellschaftlichen Lebens. Im Gästebuch stehen so illustre Namen wie die Windsors, Judy Garland oder Bing Crosby. Das Hotel schloss im Zweiten Weltkrieg und wurde erst 1983 für 55 Mio. Dollar renoviert und wieder eröffnet. 1992 schließlich investierte man noch einmal eine gewaltige Summe zur Restaurierung von »Kleinigkeiten« wie vergoldeten Wasserhähnen in jedem Zimmer.

Little Havana

Nordöstlich von Coral Gables beginnt ein ganz anderes Stück Miami. Little Havana nennt man diese Gegend, da die meisten Kubaner Miamis hier wohnen oder arbeiten. Die Hauptstraße ist die S.W. 8th Street, die allerdings nur unter dem Namen *Calle Ocho* bekannt ist. Die Calle Ocho könnte ohne Weiteres als ein Teil des echten Havanna durchgehen. Gesprochen wird Spanisch, in unzähligen kleinen Bars werden *churros* in Fett ausgebacken, dazu trinkt man heiße Schokolade oder *café cubano,* einen starken schwarzen Espresso.

Die Calle Ocho ist eine Einbahnstraße. Am besten parkt man in der Nähe der 15th Avenue, bummelt vorbei an den Läden der Einwanderer und kehrt dann in einem der vielen kubanischen Restaurants ein.

Karte Seite 37

Infos

Greater Miami Convention & Visitors Bureau, 701 Brickell Ave., Suite 2700, Miami, FL 33131, Tel. 305/539-3000, gebührenfrei in den USA Tel. 800/933-8448; www.miamiandbeaches.com

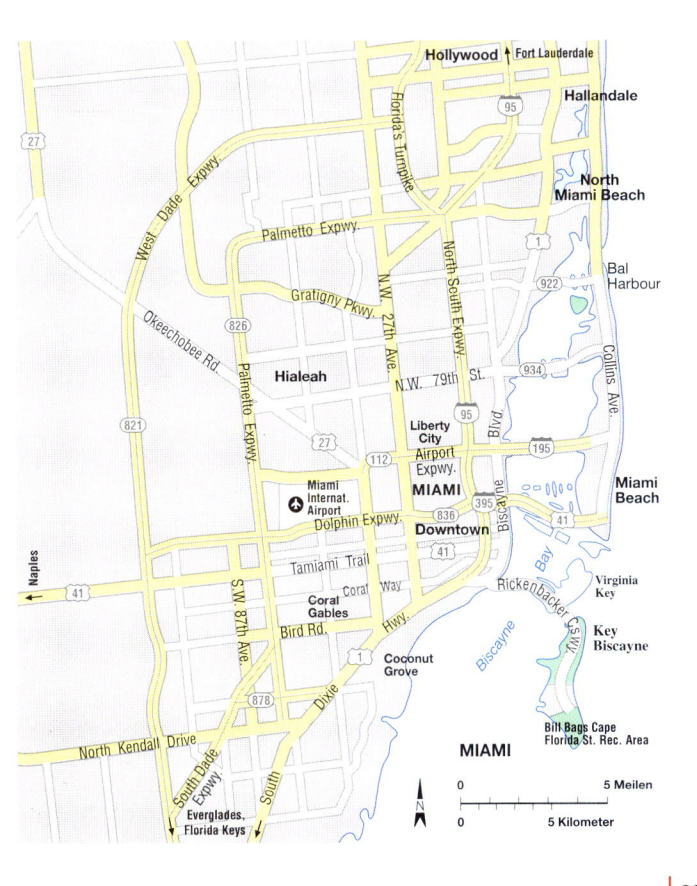

Miami und Miami Beach

Karte Seite 37/39

- **Informationsbüro** am Flughafen und am Bayside Marketplace, 401 N. Biscayne Blvd.
- **Miami Beach Chamber of Commerce,** 1920 Meridian Ave., Miami Beach, Tel. 305/672-1270, www.miamibeachchamber.com

Flughafen: Miami International Airport, 12 km westl. der Innenstadt (Info unter www.miami-mia.com). Der Airport Expwy. (SR 112) und der gebührenpflichtige Dolphin Expwy. (SR 836) führen nach Miami Beach. Taxis, Limousinen und Shuttlebusse pendeln vom Flughafen zu den Hotels in Miami Beach und Downtown.
Bahnhof: Amtrak Station, 8303 N.W. 37th Ave., Tel. 800/872-7245.
Busbahnhöfe: Greyhound-Stationen liegen gegenüber dem Flughafen an 4111 N.W. 27th St. und in North Miami an der 16560 N. E. 6th Ave., Tel. 800/231-2222. In der gesamten Region verkehren Busse, die oberirdischen Züge der *Metrorail* nur in Miami (Fahrpreis 1,25–1,50 $), Information unter Tel. 305/770-3131. Bestes Verkehrsmittel in der Innenstadt Miamis ist die Hochbahn Metromover (kostenlos; s. S. 36).

Hunderte von Hotels reihen sich an den Stränden von Miami Beach. Besonders stilvoll wohnt man in den restaurierten Art-déco-Häusern von South Miami Beach; die großen Hotels der Innenstadt eignen sich eher für Geschäftsleute. Etwas abseits vom Strandrummel liegen die hübschen kleinen Hotels von Coconut Grove und Coral Gables; deren Vorteil ist dafür die Nähe zu den Everglades.
- **Loews Miami Beach,** 1601 Collins Ave., Miami Beach, Tel. 305/604-1601, www.loewshotels.com. Trendy, edel, im Herzen der Action von Miami Beach – und direkt am Strand. ○○○
- **The Marlin,** 1200 Collins Ave., Miami Beach, Tel. 305/604-3595, www.marlinhotel.com. Herrlich restauriertes Art-déco-Haus mit nur zwölf Zimmern. ○○○
- **Mayfair Hotel,** 3000 Florida Ave., Coconut Grove, Tel. 305/441-0000, www.mayfairhotelandspa.com. Schickes Design-Hotel im Herzen des Nightlife von Coconut Grove. ○○○
- **The Avalon,** 700 Ocean Dr., Miami Beach, Tel. 305/538-0133, www.avalonhotel.com. Gepflegtes, nicht übertrieben renoviertes Art-déco-Hotel mit 105 Zimmern. ○○
- **Catalina Hotel,** 1732 Collins Ave., Miami Beach, Tel. 305/674-1160, www.catalinahotel.com. Einfaches, neu renoviertes Art-déco-Hotel im Norden des historischen Bezirks. ○○
- **The Park Central Hotel,** 640 Ocean Dr., Miami Beach, Tel. 305/538-1611, www.theparkcentral.com. Klassisches Art-déco-Hotel in bester, aber lauter Lage. ○○
- **Banana Bungalow,** 2360 Collins Ave., Miami Beach, Tel. 305/538-1951, www.bananabungalow.com. Nettes Backpacker-Hostel mit junger Szene, auch Privatzimmer. ○

Camping: Miami Everglades Campground, 20675 S. W. 162 Ave., Tel. 305/233-5300. Privatcampingplatz im Süden der City.

- **Wish Restaurant**, 801 Collins Ave., Miami Beach, Tel. 674-9474. Asiatisch-amerikanische Küche, elegante Szene. ○○○
- **Joe's Stone Crab,** 11 Washington Ave., Miami Beach, Tel. 673-0365. Riesiges Traditionslokal; Spezialität sind Steinkrabben (Mai bis Sept. geschl.). ○○
- **Rusty Pelican,** 3201 Rickenbacker Cswy., Key Biscayne, Tel. 361-3818. Steaks und Seafood in einem Holzhaus mit Blick auf die Bucht. ○○

Miami und Miami Beach

- **Yuca,** 501 Lincoln Rd., Miami Beach, Tel. 532-9822. Exzellente kubanische Küche in lockerer Atmosphäre. ○○
- **Van Dyke Café,** 846 Lincoln Rd., Miami Beach, Tel. 534-3600. Legeres Straßencafe zum Szenegucken, abends oft mit guter Live-Musik. ○–○○
- **American Classics at Dezerland Beach Resort,** 8701 Collins Ave., Miami Beach, Tel. 866-1415. Das Originelle: Man sitzt in alten Straßenkreuzern bei American Food. ○
- **Café Tu Tu Tango,** 3015 Grand Ave., Coconut Grove, Tel. 529-2222. Pizza, kubanisches Essen und jede Menge Szene-Publikum. ○
- **News Café,** 800 Ocean Dr., Miami Beach, Tel. 538-6397. Szene-Café in Miami Beach, tgl. 24 Stunden geöffnet. Treffpunkt aller Schönen. ○
- **Versailles,** 3555 S.W. 8th St., Little Havana, Tel. 444-0240. Preisgünstiges kubanisches Restaurant mit Fast-Food-Atmosphäre. ○

Zum echten Power-Shopping fahren Sie am besten in ein Einkaufszentrum: in die riesige **Aventura Mall** (Biscayne Blvd./192 St.) mit Läden wie Banana Republic, Diesel oder Guess oder zum schicken – und teureren – **Village of Merrick Park** nahe der Miracle Mile in Coral Gables.

**Everglades National Park

Der Haupteingang des 1947 gegründeten, 5667 km² großen Nationalparks (s. auch S. 16) liegt etwa 70 km südwestlich von Miami, die Zufahrt führt von **Florida City** über die SR 9336, die quer durch den Park bis zu dem Miniort Flamingo an der Florida Bay verläuft. Im Visitor Center am Parkeingang geben Rangers nützliche Tipps für Wanderungen. Von der SR 9336 führen im Parkgebiet mehrere Lehrpfade auf Brettersteigen in die Sümpfe. Besonders interessant sind der Anhinga und der Gumbo-Limbo Trail beim **Royal Palm Visitor Center,** wo man mit hoher Wahrscheinlichkeit Alligatoren, Schildkröten und Schlangenhalskormorane *(anhingas)* sieht. Die Fahrt bis Flamingo, wo erst 2005 der letzte Hurrikan durchzog, lohnt sich nur, wenn man von dort eine Bootstour in die Florida Bay unternimmt (Tel. 239/695-3101).

Die beste Jahreszeit zum Besuch des Parks ist der Winter: Dann sind bei niedrigem Wasserstand die Tiere an den Wasserlöchern gut zu beobachten, und zahlreiche Zugvögel überwintern hier. Im Sommer kommt man am besten gleich morgens, denn am Nachmittag prasseln regelmäßig tropische Regengüsse herab – und die Moskitos werden unerträglich.

Karte Seite 50

Die Everglades

Die endlosen flachen Sumpfgebiete der Everglades sind eine weltweit einzigartige Naturlandschaft, die einst die gesamte Südspitze Floridas umfasste. Hier, an der Grenze zwischen Süß- und Salzwasser, entstand über Jahrtausende ein komplexes Ökosystem, in dem Alligatoren und Schildkröten, Florida-Panther und mehr als 300 Arten von Wasservögeln leben. Auf den gewaltigen Riedgrasebenen erheben sich kleine Bauminseln mit Sumpfzypressen und Mahagonibäumen, ein idealer Lebensraum für verschiedene Orchideenarten und andere Luftwurzler.

Orlando

Karte Seite 44

Das Königreich der Mickey Mouse

Wirklichkeit oder Illusion, falsch oder echt spielt in Orlando keine Rolle. Es zählt nur, was Spaß macht – und Dollars bringt. Die blitzblanken Vergnügungswelten der »Theme Parks« begeistern jedes Jahr etwa 50 Millionen Besucher mit ihren perfekt inszenierten Illusionen. Und Orlando lebt nicht schlecht damit: Rund 110 000 Hotelbetten warten auf die Ferien-Pilger aus aller Welt.

Das Städtchen Orlando, um 1840 gegründet, war ein kleines Versorgungszentrum für die Rancher und Plantagenarbeiter der Umgebung. Erst nach dem Zweiten Weltkrieg begann zögernd die Entwicklung: Angelockt von Sonne und Orangen, ließen sich die ersten Rentner aus dem kalten Norden hier nieder; der Ausbau des nahen Cape Canaveral zum Weltraumbahnhof der USA brachte in den 1950er Jahren kleine Forschungsbetriebe in die Stadt. Dann kam Mickey Mouse und mit ihr ein gewaltiger Entwicklungsschub für die ganze Gegend – als erster Vergnügungspark wurde 1971 Magic Kingdom eröffnet. Seither sind fast 100 weitere Parks in der Umgebung entstanden. Orlando ist seitdem zu einem der beliebtesten Ferienziele der Welt avanciert.

Rund 2 Mio. Menschen wohnen mittlerweile im Großraum Orlandos; kleinere Orte wie **Kissimmee,** ein alter Rancherort, in dem alljährlich Ende Februar das Silver Spurs Rodeo ausgerichtet wird (s. S. 23), wachsen langsam mit Orlando zusammen. Die Metropole lebt nicht vom Tourismus allein: Hightech-Industrien und große Konzerne wie die Telefongesellschaft AT&T oder der Rüstungsbetrieb Martin Marietta haben sich ebenfalls bei Orlando niedergelassen.

Sehenswürdigkeiten

Die Innenstadt Orlandos hat aus touristischer Sicht nur wenig Spektakuläres zu bieten. Lediglich das Restaurant- und Nightlife-Viertel um die **Orange Avenue** lohnt einen abendlichen Besuch.

Die eigentlichen Sehenswürdigkeiten Orlandos sind die großen Vergnügungsparks, und die liegen fast alle etwas außerhalb am Südwestrand der Metropole. Zentrum des Treibens sind der **International Drive,** der parallel zur Autobahn I-4 verläuft, und das Ferienstädtchen **Lake Buena Vista** am Ostrand des Disneygeländes.

Neun große Themenparks, vier davon unter Führung von Disney, und eine Heerschar kleinerer Attraktionen bietet Orlando den Besuchern, und jedes Jahr kommen weitere hinzu. Bei einem dreitägigen Aufenthalt in Orlando sind für Erstbesucher Epcot, Sea World und Universal Studios das beste Programm. Für jeden der großen Parks sollte man einen vollen Tag einplanen. Beim Besuch mehrerer Parks lohnt es sich, vorab im Reisebüro nach Vergünstigungen zu fragen.

⭐ Am besten ist es, wenn Sie bereits frühmorgens antreten, am Nachmittag eine Pause am Hotelpool einlegen und dann am Spätnachmittag wieder in den Park zurückkehren (Tickets gelten jeweils den ganzen Tag). Tipp: Wenn man in einem der Disney-Resorts wohnt, darf man schon eine Stunde vorab in den Park und teils drei Stunden über die offizielle Öffnungszeit hinaus bleiben.

Magic Kingdom Park

Magic Kingdom ist der älteste Disney-Park und wurde bereits 1971 eröffnet. Vom riesigen Parkplatz aus erreicht man das »Magische Königreich« entweder per Fähre über die **Seven Seas Lagoon** oder mit einer Einschienenbahn, der Monorail. Im Mittelpunkt des Parks steht **Cinderella Castle,** das Märchenschloss. Ringsum warten Themenbereiche wie **Frontierland** mit Raddampfer, **Adventureland** mit Urwaldfahrt und den »Pirates of the Caribbean«, **Mickeys Toontown Fair,** wo Kinder alle Disneyfiguren kennen lernen können, und **Tomorrowland** mit außerirdischen Vergnügungs-Rides wie »Stitch's Great Escape«.

Karte Seite 44

Spaceship Earth in Epcot

Epcot

Walt Disney konzipierte diesen Park als beispielhafte Zukunftsstadt, als »**E**xperimental **P**rototype **C**ommunity **o**f **T**omorrow«. Im ersten Teil des gut 100 ha großen Epcot werden in einer Art Weltausstellung Errungenschaften der Menschheit gefeiert und ein Blick in die Zukunft geworfen. Im **Spaceship Earth,** einem riesigen Kugelbau, wird die Geschichte der Kommunikation erzählt, nebenan führt Trick-Star Nemo durch die Welt der Ozeane. Im zweiten Teil des Parks, dem **World Showcase,** sind rings um einen See typische Städte und Bauwerke aus elf Ländern nachgebaut. Jeden Abend steigt über dem See eine gigantische Laser-Feuerwerk-Show.

Disney-MGM Studios

Der 1989 eröffnete Park ist sowohl ein funktionstüchtiges Filmstudio wie auch eine Kulissenstadt, in der man Dreharbeiten beobachten kann und Filmtechniken erläutert bekommt. Zwei turbulente Stunt-Shows und witzige Restaurants wie der **Sci-Fi Drive-In Diner** lassen einen Tag schnell vergehen. Beliebt sind die Muppet-Show,

⭐ ***Walt Disney World

Die vier großen Disney-Parks Magic Kingdom, Epcot, Animal Kingdom und Disney-MGM Studios sind eingebettet in eine weitläufige Erholungslandschaft. Das Areal ist von US 192 (Haupteingang) und I-4 zu erreichen; die Disney-Parks, -Hotels und der Campingplatz sind gut ausgeschildert und innerhalb des Geländes leicht zu finden. Tagestickets kosten je Park 63 $, für Kinder 52 $. Zudem gibt es 3- bis 10-Tage-Tickets, die für alle Parks gelten (www.disneyworld.com). Tickets sind vorab auch im Reisebüro zu buchen. Tipp: Mit dem Programm **Fast Pass** lassen sich die Warteschlangen abkürzen.

Karte Seite 44

die Show »Wer wird Millionär« und der Tower of Terror, ein Fahrgeschäft mit freiem Fall über 13 Stockwerke.

Disney's Animal Kingdom
Der jüngste Park in Walt Disney World ist ein Zoo der Extraklasse auf einem Gelände, größer als die anderen drei Parks zusammen. Zu den schönsten Attraktionen gehören eine Fahrt durch die Savannen Afrikas oder durchs Dinoland und die Achterbahnfahrt »Expedition Everest«.

**Universal Studios
Der Ableger der kalifornischen Filmstudios ist mittlerweile größer als das Original. Auf dem 180 Hektar großen Gelände täuschen Kulissenbauten Straßenzüge in New York oder San Francisco vor, hier stehen die Ruinen von Angkor Wat und Hitchcocks »Psycho-Haus«. Dazu gibt es rund 40 Shows und Rides, bei denen die Zuschauer mit Shrek die Prinzessin befreien oder von den Dinos aus »Jurassic Park« verfolgt werden. Besonders eindrucksvoll ist »Back to the Future« mit einer simulierten Fahrt durch das Erdinnere (nahe Kreuzung SR 435 und I-4, Tel. 363-8000; Eintritt 63 $, Kinder 52 $, www.universalOrlando.com).

Angeschlossen an den Park ist das **Hard Rock Café** in Form einer riesigen Gitarre.

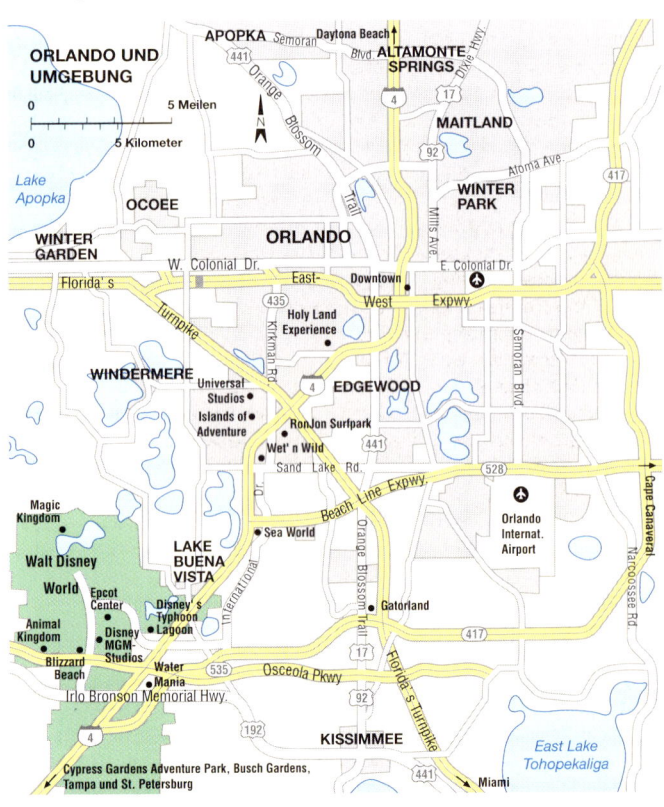

ORLANDO UND UMGEBUNG

Orlando

Orca-Show in Sea World Orlando

Islands of Adventure: Begegnung mit T-Rex aus dem Film »Jurassic Park«

**Islands of Adventure
Dinen weiteren Tag verdient neben den Universal Studios dieser angeschlossene Park: eine bunte Abenteuerwelt mit spektakulären Achterbahnen wie den Dueling Dragons, Hightech-Fahrten wie Spider-Man und feucht-fröhlichen Filmabenteuern wie Jurassic Park (I-4 am Exit 29B, Tel. 363-8000; 63 $ Eintritt, Kinder 52 $).

**Sea World Orlando
Sea World ist mit einer Fläche von 125 ha eines der größten Ozeanarien der Welt, das sich nicht zuletzt wegen seiner Schutzprogramme für bedrohte Meerestiere einen Namen gemacht hat. Shows mit Delfinen, Schwertwalen und Seelöwen erwarten die Gäste ebenso wie Gehege mit Seekühen und Schildkröten. Nach einer Voranmeldung im tropischen Paradies »Discovery Cove« kann man hier auch tauchen und mit Delphinen schwimmen (7007 Sea World Dr., Tel. 351-3600, www.seaworld.com; 62 $ Eintritt, Kinder 50 $).

**Cypress Gardens Adventure Park
Die gut 90 ha große Gartenanlage ist der älteste Vergnügungspark Floridas. Hier wurde 1943 die Wasserski-Show erfunden. Spazierwege führen zu uralten Zypressen am Seeufer und durch Gärten, in denen über 8000 verschiedene Pflanzen und Blumen zu bewundern sind. Spektakuläre Achterbahnen, spritzige Wildwasserfahrten und natürlich Wasserskishows runden das Erlebnis ab (Bei Winter Haven an der SR 540, Tel. 863/324-2111; tgl. 10 bis 18 Uhr; 40 $ Eintritt, Kinder 35 $).

RonJon Surfpark: Orlando liegt zwar nicht am Meer, aber seine neueste Attraktion ist trotzdem ein Wasserparadies für Wellenreiter. In großen Becken können sich Profis an perfekten Kunstwellen messen, Anfänger dürfen Surfkurse belegen (Festival Bay, 5160 International Drive; www.ronjons.com).

Holy Land Experience
Wie wäre es mit der Religionsgeschichte als Themenpark? Gezeigt wird das biblische Jerusalem (4655 Vineland Rd., Tel. 407/367-2065; www.theholylandexperience.com; 30 $ Eintritt, Kinder 20 $).

*Gatorland

Karte Seite 44

Dieser Alligatoren-Zoo ist zwar eine der kleineren Attraktionen, verdient aber durchaus einen Besuch. Zu sehen sind neben Schlangen rund 5000 Alligatoren und Krokodile. Für Kinder gibt es einen Streichelzoo und eine Miniatureisenbahn (14501 S. Orange Blossom Trail, US 441, Tel. 855-5496; 20 $ Eintritt, Kinder 13 $).

Wasserparks

Besuchenswert sind auch die »Water Parks«, riesige Erlebnisschwimmbäder mit langen Rutschen, Wellenmaschinen etc. Die größten sind **Wet'n Wild** (6200 International Dr., Tel. 407/351-1800), **Disneys Typhoon Lagoon** (Lake Buena Vista, Tel. 560-9283) und **Water Mania** (6073 W. Hwy. 192, Kissimmee, Tel. 407/396-2626).

Da man Orlando in erster Linie als Urlaubsziel für Familien konzipierte, ist sein Nachtleben noch etwas unterentwickelt. Doch an den Orten, wo es stattfindet, ist es perfekt organisiert. Etwa im Vergnügungskomplex **Downtown Disney** (Lake Buena Vista), dem Nightlife-Vergnügungspark **Pleasure Island** oder dem **Universal Studios City Walk**.

Letzter Schrei in Orlando sind die »Dinner Attractions«: Bei **Medieval Times** (4510 W. US 192, Tel. 407/396-2900) gibt's zum Essen ein farbenprächtiges Ritterturnier, bei **Arabian Nights** (6225 W. US 192, Tel. 407/239-9223) morgenländische Reiterspiele, beim **Pirate's Dinner Adventure** (6400 Carrier Dr., Tel. 407/248-0590) wird eine spanische Galeone von Freibeutern erobert, und bei **Capone's Dinner Show** (4740 W. US 192, Tel. 407/397-2378) schießen sich die Gangster aus dem Chicago der 1930er Jahre durch ein Musical.

Infos

Orlando / Orange County Convention & Visitors Bureau, Tel. 407/363-5872, www.orlandoinfo.com/de (Anfragen vorab s. S. 99).
▍ **Visitor Information Center** neben dem Mercado Mediterranean Village, 8723 International Dr. (verkauft auch vergünstigte Eintrittskarten für örtliche Attraktionen und vermittelt kurzfristig Hotelzimmer).

Flughafen: Orlando International Airport, etwa 11 km südöstlich der Innenstadt am Beach Line Expressway (Info unter www.orlandoairports.net). Taxis, Limousinen und Shuttlebusse zu den Hotels am International Drive und in Lake Buena Vista.
Bahnhof: Amtrak Station, 1400 Sligh Blvd., Tel. 800/872-7245.
Busbahnhof: Greyhound Terminal, 555 N. John Young Pkwy., Tel. 407/292-3424. Innerhalb der Stadt verkehren die Busse (Fahrpreis 1,50 $) des Lynx-Stadtbussystems. Entlang des International Drive fährt ein Trolleybus; die meisten größeren Hotels bieten eigene Shuttlebusse zu den Vergnügungsparks und Attraktionen.
Öffnungszeiten: Alle großen Parks sind tgl. 9–21 Uhr geöffnet (Magic Kingdom in Disney World, Disney-MGM Studios bis 19 Uhr), Sa/So und feiertags sowie in der Hochsaison meist bis 22 Uhr oder bis nach Mitternacht. Am Eingang liegen Listen mit den Show- und Paradezeiten aus.

In und um Orlando gibt es Hunderte von **Ferienhotels**. Dennoch sollte man zur Hochsaison und an Feiertagen wie Ostern und Weihnachten unbedingt vorab reservieren. Es empfiehlt sich, im Südwesten der Stadt nahe der Parks zu wohnen, etwa in einem der großen Resort-

Orlando

Witziger Drive-in in den Universal Studios von Orlando

hotels am International Drive, in Walt Disney World oder in Lake Buena Vista. Preiswerte Motels findet man entlang der US 192 in Kissimmee. Im Reisebüro und im Internet sind für Aufenthalte von mehr als einer Woche auch Ferienhäuser mit Pool zu mieten.

▌ **Disney's Wilderness Lodge,**
901 Timberline Dr., Lake Buena Vista, Tel. 407/824-3200, www.disney.com. Spektakuläres Ferienresort im Stil einer rustikalen Wildnislodge der Rockies. Fünf Golfplätze. ○○○

▌ **Walt Disney World Swan,**
1200 Epcot Resort Blvd., Lake Buena Vista, Tel. 407/934-4000, www.swandolphin.com. Verrücktes Fantasy-Hotel des Star-Architekten Michael Graves mit 14 m hohen Schwänen auf dem Dach, dazu luxuriöse, bunt-verspielte Zimmer und eine große Pool-Landschaft. ○○○

▌ **The Palms Hotels and Villas,**
3100 Parkway Blvd., Kissimmee, Tel. 407/396-2229, www.thepalmshotelsandvillas.com. Einfache Ferienapartments mit Küche nahe zu Disney World und I-4. Großer Pool. ○○

▌ **Doubletree Club Lake Buena Vista,**
12490 Apopka Vineland Rd., Lake Buena Vista, Tel. 407/239-4646, www.doubletreeclublbv.com. Gut geführtes Haus der Mittelklasse mit großen Apartments und Pool. ○–○○

▌ **Disney's All-Star Music Resort,**
P. O. Box 10000, Lake Buena Vista, Tel. 407/939-6000, www.disney.com. Großes Fantasy-Hotel auf dem Gelände von Disney World. ○

▌ **Sevilla Inn,** 4640 W. Irlo Bronson Memorial Hwy. (US 192), Tel. 407/396-4135, www.sevillainn.com. Einfaches, sauberes Motel im mexikanischen Stil mit Pool. ○

Camping: Kissimmee/Orlando KOA,
2644 HappyCamper Place, nahe der US 192, Tel. 407/396-2400, kissimmee@koa.net. Gepflegter Platz mit kostenlosem Shuttlebus zu Disney World; eigener Pool. Es gibt auch Hütten zu mieten.

▌ **Disney's Fort Wilderness Campground,** Lake Buena Vista, Tel. 407/824-2900. Riesiger, sehr luxuriöser Campingplatz an einem See in Disney World mit mehreren Swimmingpools.

Orlando

Karte Seite 44

Café mit Dschungel-Atmosphäre

Bahama Breeze, 8849 International Drive, Tel. 248-2499. Karibische Küche, kräftige Rum-Drinks und buntes Palmendekor: genau richtig für Orlando. ○○○

Crab House, Vista Centre, 8496 Palm Pkwy., Tel. 239-1888. Frischer Fisch, Muscheln, Krabben. ○○

Rainforest Café, Disney Marketplace, Tel. 827-8500. Zum Dinner im Dschungel lädt dieses Lokal ein: mit Gorillas und Elefanten als Kulisse. Nette Terrasse am See. ○○

Ran-Getsu of Tokyo, 8400 International Dr., Tel. 345-0044. Großes, beliebtes japanisches Lokal mit schönem Garten; gutes Sushi. ○○

Race Rock, 8986 International Dr., Tel. 248-9876. Chrom und spiegelnde Karossen allerorten: Thema dieses Lokals sind Rennautos und Supertrucks in allen Formen; zu essen gibt's deftige amerikanische Kost. Sehr schön auch für Kinder. ○–○○

B-Line Diner, 9801 International Dr., im Peabody Hotel. Stilvoller 24-Stunden-Coffee Shop im Look der 1950er Jahre mit guten Hamburgern. ○

Preisgünstige Familienrestaurants sind die Häuser der Ketten **Olive Gardens** (italienisch), **Denny's** (amerikanisch), **Sizzler** (Steaks) und **Red Lobster** (Fisch und Hummer).

Markenkleidung von DKNY, Armani, Hilfiger oder Versace gibt es mit Preisnachlässen von über 60 % in den **Orlando Premium Outlets** (8200 Vineland Ave., www.premiumoutlets.com; Mo–Sa 10–22, So 10–21 Uhr).

Ausflüge

**Cape Canaveral, ca. eine Fahrstunde östlich von Orlando (s. S. 65).

Winter Park: Einen Blick in das »normale« Leben in Orlando außerhalb der Vergnügungsparks erlaubt ein Ausflug in den hübschen, nördlich der Innenstadt gelegenen Vorort Winter Park. Zu empfehlen sind ein Bummel entlang der eleganten Park Avenue, eine Bootsrundfahrt auf den Seen mit Blick auf die grandiosen Villen und idyllischen Gärten (Abfahrt 10–16 Uhr jeweils zur vollen Stunde am Fuße der Morse Ave., Tel. 407/644-4056) sowie ein Besuch des Morse Museum (445 Park Ave. N.) mit schöner Tiffany-Ausstellung.

Strände: Wer in Orlando eine Abwechslung sucht zu den herrlichen, aber künstlichen Pool-Landschaften der Hotels, findet die am nächsten gelegenen »echten« Strände etwa ein bis zwei Stunden Fahrt entfernt: am Atlantik im Osten bei Cocoa Beach (s. S. 65), am Golf von Mexiko im Westen bei Clearwater und St. Petersburg Beach (s. S. 71).

Tour 1

Die Inseln der Florida Keys

Miami → Key Largo → Islamorada → **Key West (260 km)

Die Keys bilden das tropische Ende Floridas: Hier warten schimmernde Buchten mit von Palmen und Mangroven umsäumten Ufern, Riffe mit farbenprächtigen Fischen, Jachthäfen und natürlich stimmungsvolle Bars mit Blick auf den Sonnenuntergang. Allein schon die fast 200 km lange Straße über die Inselkette der Keys macht die Reise zu einem einzigartigen Erlebnis: Der Highway 1, der berühmte **Overseas Highway, hüpft über 42 Brücken von Insel zu Insel bis Key West. Als Tagesausflug von Miami ist die Tour wegen des dichten Verkehrs nur schwer machbar.

Wer gerne schnorchelt, taucht, angelt oder segelt, sollte ruhig einige Tage einplanen. Bessere Wassersportmöglichkeiten als hier sind kaum zu finden. Gute Strände sind allerdings dünn gesät – das flache Wasser und die schützenden Riffe verhindern, dass Sand angespült wird. Im Winter herrscht auf den Inseln das wärmste Klima ganz Floridas, daher ist von Weihnachten bis Ostern Hochsaison. Dann und auch an den Feiertagswochenenden sollten Sie unbedingt vorab reservieren. Hinweis: Die Adressen auf den Inseln werden oft nach den »Milemarkers« angegeben, z. B. »MM 88«. Das bedeutet, ein Hotel oder Restaurant liegt an oder nahe der US 1 beim Meilenstein 88. Gezählt wird von Key West aus.

Auf dem Hwy. 1 gen Süden

In Miami (s. S. 32) beginnt die Tour auf der Brickell Avenue, die bald in den South Dixie Highway (Hwy. 1) übergeht. Zunächst säumen noch endlose Vororte die Straße, ehe hinter South Miami und Kendall die Ausläufer der Everglades beginnen.

Florida City ❶ (48 km) und das daneben liegende **Homestead** ❷, zwei kleine Farmstädtchen, wurden im August 1992 von Hurrikan Andrew fast völlig zerstört. Mittlerweile sind die Orte jedoch längst wieder aufgebaut und nur die größeren Bäume sehen mit ihren frischen Trieben noch etwas seltsam aus.

In Florida City zweigt die US 9336 zum Haupteingang des Everglades National Park (s. S. 16, 41) ab. Das Schutzgebiet verdient unbedingt einen Besuch, sofern man nicht schon von Miami einen Ausflug dorthin unternommen hat.

Karte Seite 50

*Biscayne National Park ❸

Ein Blick auf die Landkarte zeigt, dass die Inselkette der Keys bereits auf Höhe von Miami beginnt. Key Biscayne ist die nördlichste der Keys-Inseln. In der noch fast unerschlossenen Inselwelt direkt südlich davon umfasst der Nationalpark östlich von Florida City rund 730 km² Meer und Mangroven. Dieser Park ist weit weniger bekannt als die Everglades, aber für Naturfreunde ebenso eindrucksvoll. Zahlreiche Wasservögel finden hier geschützte Nistplätze, und im warmen Wasser zwischen den Korallenriffen tummeln sich Manatis und große Meeresschildkröten. Straßen gibt es nicht im Park, doch vom Visitor Center am **Convoy Point** werden Fahrten mit Glasbodenbooten angeboten sowie

Tour 1 Die Inseln der Florida Keys

Karte Seite 50

Bootstouren zum Schnorcheln und Tauchen (Reservierung und Information unter Tel. 305/230-1100).

Eine **Kanutour** ist die schönste Art, die Mangrovenwelt des Parks in aller Ruhe zu erleben. Man kommt auf diese Weise sehr nahe an Reiher, Schildkröten und andere Tiere heran. Kanus werden am Visitor Center von Convoy Point vermietet, Tel. 230-1100; Reservierung nötig.

Schnurgerade verläuft der Hwy. 1 von Florida City durch die Ausläufer der Everglades nach Süden.

Key Largo ❹

Key Largo (12 000 Einw.) ist die größte Insel der Keys und der eigentliche Beginn des ****Overseas Highway**. Fast 300 km weit reicht die Inselkette von der Südspitze Floridas hinaus in den Golfstrom. Der Name *Keys* ist eine Verballhornung des spanischen *cayos* (Inseln). Für die Spanier jedoch, die die Eilande schon im 16. Jh. entdeckten, waren die wasserlosen Inseln wertlos. Die Entwicklung begann erst zu Anfang des 20. Jhs., als der Eisenbahnmagnat Henry Flagler eine Bahnlinie bis Key West baute. Nach dem großen Hurrikan von 1935 wurde die Linie jedoch aufgegeben, und die Brücken wurden zu Straßenbrücken für den 1938 eröffneten Overseas Highway.

Key Largo wurde durch den gleichnamigen Thriller mit Humphrey Bogart und Lauren Bacall aus dem Jahr 1948 bekannt, doch von der alten Filmkulisse ist nicht viel geblieben. Am ehemaligen Drehort steht heute bei MM 104 die etwas raue Bar »Caribbean Club«. Ein anderes Bogart-Erinnerungsstück ist übrigens etwas weiter bei MM 100 zu sehen: Die »African Queen«, das

Dampfboot aus dem gleichnamigen Film, liegt beim »Holiday Inn« vor Anker. Vom Highway aus präsentiert sich Key Largo als hässliches Straßendorf mit grellen Werbetafeln und bunten Shopping Malls. Doch vom Wasser aus zeigt sich die Schönheit der Insel.

*John Pennekamp Coral Reef S. P. ❺

In diesem Park mit fast 40 km Länge steht das einzige Korallenriff Nordamerikas unter Naturschutz (www.pennekamppark.com). Der Unterwasserpark wurde bereits 1960 auf Betreiben des Zeitungsredakteurs und Naturschützers John Pennekamp aus Miami gegründet – gerade noch rechtzeitig, denn Souvenirjäger hatten in den Jahren zuvor das Riff fast leer geplündert. Seither haben sich die Korallenbänke wieder erholt, und an die 500 Fischarten leben in den streng geschützten Gewässern.

Vom Visitor Center bei MM 102,5 legen Boote zu **Schnorchel- und Tauchtouren** ab; für Nichtschwimmer stehen Glasbodenboote zur Verfügung (Tel. 305/451-6300).

Ohne Korallen keine Keys

Sauberes, mindestens 20 °C warmes Wasser und viel Sonnenlicht sind erforderlich, um ein Korallenriff entstehen zu lassen. Nur dann gedeihen die winzigen Polypen, primitive Weichtiere, aus deren Kalkskeletten innerhalb von Jahrtausenden ein Riff wächst. Normalerweise gibt es Korallen nur in den Tropen, doch dank der warmen Meeresströmungen waren die Bedingungen an der Südspitze Floridas gerade noch richtig für das Wachstum der Polypen.

Im flachen Wasser der heutigen Florida Bay wuchsen die ersten Korallenriffe. Als sich Florida langsam aus dem Meer hob, wurden aus den Riffen die Inseln der Keys, und ein neues Riff entstand auf der Südseite. Bis heute schützt diese Unterwasserbarriere die Keys vor der Brandung des Ozeans. Rund 40 Korallenarten gedeihen heute im Ökosystem des Riffs: geschmeidige, knallbunte Fächerkorallen, die sich in der Strömung wiegen und mehrere Zentimeter pro Jahr wachsen, glutrote Feuer- und Hirschhornkorallen oder auch seltsam aussehende wuchtige Hirnkorallen, die einige hundert Jahre brauchen, bis sie zur endgültigen Größe herangewachsen sind.

Doch der natürliche Schutzwall der Keys ist in Gefahr: Schiffsanker und rücksichtslose Taucher, Öl aus den Bootsmotoren und Abwässer zerstören die lebenden Korallen und nagen am toten Fundament. Seit man dies erkannt hat, wurde das Riff vor der Südküste der Keys auf seiner gesamten Länge von rund 240 km unter Naturschutz gestellt. Die Korallen dürfen nicht einmal berührt werden, und als Schnorchler sollte man vorsichtig sein, um nicht auf die scheinbar toten Korallensteine dicht unter der Wasseroberfläche zu treten. Sich ein Stück Koralle als Souvenir abzubrechen, sollte absolut tabu sein.

Tour 1 Die Inseln der Florida Keys

ℹ️ Key Largo Chamber of Commerce, 10600 Overseas Hwy., Tel. 305/451-4747; www.keylargo.org. Visitor Center bei MM 106.

Islamorada ❻

Der nächste kleine Ort, Islamorada (125 km), am Hwy. 1, ist seit langem ein Pilgerziel der Petrijünger. Draußen im Golfstrom, der hier nahe an der Insel vorüberfließt, warten rekordverdächtige Marlins und Segelfische, und im flachen Wasser um die Insel stellen die Angler den kämpferischen Tarpons nach. Bei **Holiday Isle** mit Ortseingang bei MM 84 kann man am Spätnachmittag oft beobachten, wie Angler ihren Fang wiegen. Aber auch für Nichtangler hat der Ort auf **Matecumbe Key** einiges zu bieten: Täglich werden im **Theater of the Sea** (MM 84,5, Tel. 305/664-2431) Delphin-Shows gezeigt, und man kann nach Voranmeldung sogar mit den Flippern schwimmen. Zudem bieten Dive Shops Wracktauchgänge an.

ℹ️ Islamorada Chamber of Commerce, MM 83,2, P. O. Box 915, Tel. 305/664-4503, www.islamoradachamber.com; auch Auskünfte über Hochseeangeln.

🏠 **Cheeca Lodge,** MM 82, Tel. 305/664-4651, www.cheeca.com. Elegantes, sehr luxuriöses Resorthotel mit eigenem kleinen Strand, Tennisplätzen und Bootscharter. Auch gutes Restaurant. ○○○
▪ **Chesapeake Resort,** 83409 Overseas Hwy., Tel. 305/664-4662, www.chesapeake-resort.com. Gepflegtes kleines Mittelklassehotel mit Marina; große Zimmer und sehr freundliches Personal. ○○–○○○

Im Dolphin Research Center

🍴 **Lorelei Restaurant,** MM 82, Tel. 664-4656. Beliebtes Fischrestaurant mit Bar, schön zum Sonnenuntergang. ○○

Die Lower Keys

1-800-648-3854 Sea Doll / 5000 Overseas Highway

Mit Matecumbe Key enden die größeren Inseln der Keys. Die Brücken werden nun immer länger, die Inseln immer kleiner. Auf **Grassy Key** ❼ kann man das **Dolphin Research Center** besichtigen, die frühere Heimat des Fernsehstars Flipper. Bei den Führungen werden Dressur und Pflege der Delphine fundiert erläutert (auch Schwimmen mit den Delphinen; Reservierung unter Tel. 305/289-0002).

Nach dem Ort **Marathon** ❽ (184 km) auf Vaca Key folgt dann die längste Brücke am Overseas Highway: die **Seven Mile Bridge.** In breiter Doppelspur führt sie auf 546 Betonpfeilern übers flache Meer, so weit, dass im Dunst am Horizont die nächste Insel oft gar nicht zu erkennen ist. Parallel zu der 1982 errichteten Brücke führt die einst von Henry Flagler erbaute alte Bahnbrücke, die nun teilweise als Angelpier dient. Eine andere alte Brücke steht noch einige Kilometer

Miami → Key Largo → Islamorada → **Key West   Tour 1

🏠 Gleich neben Looe Key – und ebenfalls nur per Fährboot zu erreichen – liegt auf Little Torch Key das exklusive Hotel **Little Palm Island**. Für besondere Anlässe wie Flitterwochen oder Jubiläen sind die luxuriösen Palmenhütten und das Gourmetrestaurant ideal – ein Resort der Extraklasse (Tel. 305/872-2524, www.littlepalmisland.com; ○○○).

Über einige kleinere Inseln geht es von Big Pine Key noch eine halbe Fahrstunde weiter bis Key West.

⭐ **Key West ⓫

Sandstrand auf Bahia Honda Key

weiter am Südende von ***Bahia Honda Key ❾**, wo im Bahia Honda State Park einer der wenigen Sandstrände der Keys liegt. Im Schatten der großen Palmen, deren ausladende Fächer sich leise in der warmen Brise wiegen, sollte man sich ein paar Stunden Pause gönnen, um für das rechte Karibik-Feeling eingestimmt zu werden.

Big Pine Key ⓾ (210 km) ist die größte Insel der Lower Keys. Im Nordteil der Insel liegt das Blue Hole, ein Süßwassersee, in dem kleine Alligatoren leben. Vom Südende der Insel lohnt sich für Schnorchler und Taucher ein Abstecher per Boot zum Looe Key.

⭐ Auf den Wanderwegen von Big Pine Key kann man mit etwas Glück eines der vom Aussterben bedrohten **Key deers**, einer kleinwüchsigen Rehart, beobachten. Fahren Sie hier bitte vorsichtig, die Tiere kreuzen oft den Highway!

Looe Key ist ein großes Unterwasserschutzgebiet, in dem es jedes Jahr im Juli sogar ein Unterwasser-Musikfestival gibt.

Das bunte, quirlige Key West (26 000 Einw.; 260 km) ist bestimmt die bekannteste Kleinstadt Floridas. Hier muss man als Besucher des Sonnenstaates einfach gewesen sein: Key West verkörpert das Lebensgefühl der Keys. Die kunterbunte Mixtur der Einwohner trägt hierzu ebenso bei wie die stimmungsvolle Architektur der Altstadt – Key West war als südlichste Stadt Nordamerikas immer schon etwas anders.

Nach 1820, einer von Piraten geprägten Zeit, kamen Einwanderer aus Neuengland und den Bahamas hierher, die schnell entdeckten, dass mit dem Abwracken der vor den Inseln gestrandeten Schiffe viel Geld zu verdienen war. Das »Wrecking« wurde im 19. Jh. zum lukrativen – und wichtigsten – Geschäft in Key West. Der Ort blühte auf, und die »Wreckers« konnten sich mit feinen Schnitzereien verzierte Villen leisten, die so genannten *Conch Houses,* die heute hübsch restauriert sind und das Flair der Stadt mitbestimmen.

Nach der Ära des Wrecking zogen Schwammtaucher aus Griechenland nach Key West, später auch Zigarren-

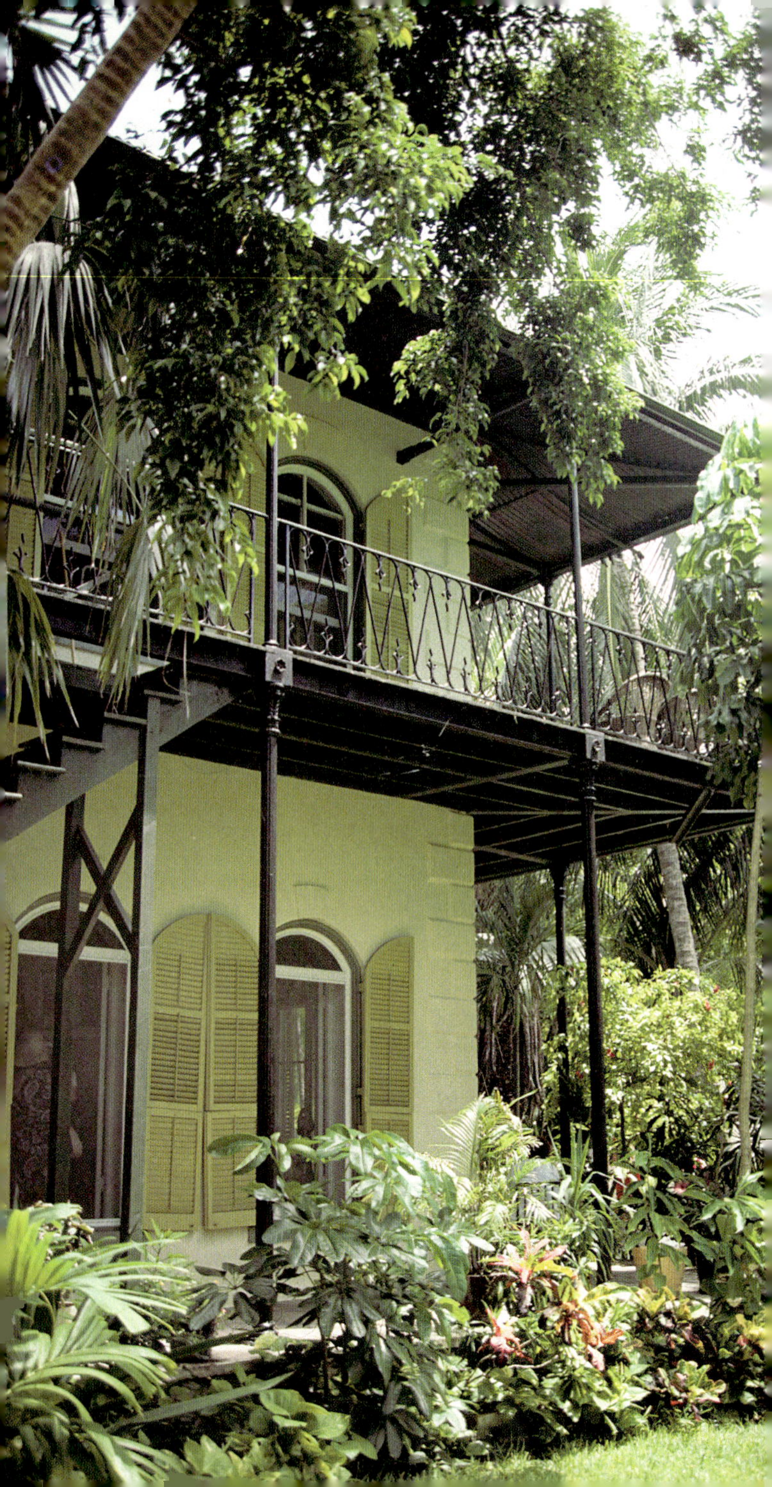

dreher aus Kuba. Um 1930 folgten Schriftsteller wie etwa Tennessee Williams oder Ernest Hemingway, der hier gut 10 Jahre lang lebte. Seit den 1960er Jahren sind viele Homosexuelle und Großstadtflüchtlinge zugezogen, die die liberale, lebensfrohe Atmosphäre der Stadt schätzten – und weiterhin prägen.

Zentrum ist die **Duval Street,** die Hauptstraße der Altstadt. Hier trifft man sich abends am Mallory Square zum berühmten Ritual des Sonnenuntergangs: Am Kai nahe dem Nordende der Duval Street treten dann Zauberer und Pantomimen auf, und Alt-Hippies bieten ihre selbst geflochtenen Strohhüte an – ein herrlich kitschiges Spektakel, eingetaucht in warmes rot-orangefarbenes Licht.

Bei einer Rundfahrt mit dem **Conch Tour Train** oder dem **Old Town Trolley** kann man sich zunächst einmal einen Überblick verschaffen. Die Abfahrt ist am Nordende der Duval Street.

Mallory Square und Duval Street

Am Mallory Square zeigt das kleine *Key West Aquarium die Unterwasserwelt der Keys, und das **Shipwreck Historeum** gegenüber widmet sich der Geschichte der Wreckers. Fundstücke und Schätze aus spanischen Galeonen birgt das Museum der **Mel Fisher Maritime Heritage Society** (Greene/ Front Sts.).

Den Lebensstil der alten Wreckers können Sie im **Audubon House** (Green/Whitehead Sts.) und im **Wreckers Museum** (322 Duval St.) begutachten, typischen Conch-Häusern aus dem 19. Jh.

Wohnsitz des Schriftstellers Ernest Hemingway in Key West

Banana Café, 1211 Duval St., Tel. 294-7227. Perfekt für einen kleinen Lunch auf einer Terrasse mit tropischem Flair. Gute Crêpes und Salate. ○–○○

An der Ecke Greene/Duval Street steht das berühmte **Sloppy Joe's,** die Bar, in der Ernest Hemingway angeblich seine Nächte beim Rum verbrachte – sehr turbulent Mitte Juli, wenn Key West das Hemingway Festival feiert.

Die echte Hemingway-Kneipe, **Captain Tony's Saloon,** steht in der Greene Street.

*Ernest Hemingway Home

Pilgerziel für Literaturfreunde in Key West ist die Whitehead Street Nr. 907. Hier wohnte der spätere Nobelpreisträger von 1931 an, ehe er nach Kuba übersiedelte. Auch lange nach Hemingways Tod fühlen sich die Urururenkel seiner geliebten Katzen im tropischen Garten wohl (tgl. 9–17 Uhr). Gleich gegenüber dokumentiert das kleine **Lighthouse Museum** im historischen Leuchtturm das Leben der früheren Wärter; vom Turm selbst bietet sich ein schöner Rundblick.

Southernmost Point

Eine weitere Attraktion liegt am Südende der Whitehead Street. Der Southernmost Point, gekennzeichnet durch eine große Boje, markiert den südlichsten Punkt des ganzen nordamerikanischen Kontinents. Nur 90 Meilen sind es von hier nach Kuba.

Key West Chamber of Commerce, 402 Wall St., Tel. 305/294-2587, www.fla-keys.com

The Marquesa Hotel, 600 Fleming St., Tel. 305/ 292-1919, www.marquesa.com

Tour 1 Die Inseln der Florida Keys

In den 1920er Jahren fuhr man noch mit dem Zug nach Key West

Schienen auf dem Wasser

Niemand wollte daran glauben. Ingenieure und Politiker hielten ihn für verrückt, doch Henry Flagler war von seinem Traum nicht abzubringen. Im stolzen Alter von 75 Jahren machte er sich daran, sein Lebenswerk mit einer technischen Meisterleistung zu krönen. Seit 1885 hatte der Bahn-König Flagler die Schienen seiner »East Coast Railway« von St. Augustine über Palm Beach bis nach Miami vorangetrieben. Nun fehlte das letzte Stück: eine Bahnlinie 200 km übers Meer bis hinab nach Key West.

Und der Wille des mächtigen Tycoon wurde Wirklichkeit. Tausende von Männern bauten Dämme und Pfeiler, gewaltige Aquädukte wurden über die flache See gelegt, in Key West musste sogar eigens Land aufgeschüttet werden für einen Bahnhof. Und der Bahnhof war zugleich ein Pier, von dem aus die Dampfer nach Kuba ablegen sollten. 1912 war es dann soweit: Henry Flagler fuhr in seinem Salonwagen mit dem ersten Zug von Miami nach Key West.

Vier Monate nach der Eröffnung der Linie starb der Bahnpionier, doch seine Züge dampften weiter und brachten Siedler und Touristen. Erst 1935 wurde der Verkehr eingestellt, nachdem ein Hurrikan einen mit Arbeitern voll besetzten Zug von den Schienen gefegt hatte und über 800 Menschen dabei ums Leben gekommen waren. Auf den Brücken und Dämmen der Bahnlinie wurde später der Overseas Highway erbaut – und Flaglers Traum vom Weg über das Wasser lebt bis heute fort.

Sehr stilvoll restauriertes Haus aus dem Jahre 1884, mitten in der Altstadt gelegen. ○○○
■ **Heron House,** 512 Simonton St., Tel. 305/294-9227, www.heronhouse.com. Elegantes Bed & Breakfast in einem renovierten Conch House. ○○–○○○
■ **Island City House Hotel,** 411 William St., Tel. 305/294-5702, www.islandcityhouse.com. Restauriertes altes Hotel in einem tropischen Garten. ○○–○○○
■ **Inn at Key West,** 3420 N. Roosevelt Blvd., Tel. 305/294-5541, www.theinnatkeywest.com. Gutes Mittelklassehotel etwas außerhalb der Altstadt; schöner Pool. ○○
■ **Budget Key West,** 1031 Eaton St., Tel. 305/294-3333, www.budget keywest.com. Kleine, saubere Pension in Laufweite der Altstadt. ○○
■ **Angelina Guesthouse,** 302 Angela St., Tel. 305/294-4480, www.angelinaguesthouse.com. Einfache Pension in einem historischen Bordell. ○–○○

Café Marquesa, 600 Fleming St., Tel. 292-1244. Edle neuamerikanische Küche mit kubanischem Einschlag, historisches Ambiente. ○○○
■ **Mangoes Restaurant,** 700 Duval St., Tel. 292-4606. Beliebtes Szenelokal mit Veranda und riesiger Bar; karibische Snacks. ○○○
■ **Kelly's,** 301 Whitehead St., Tel. 293-8484. Luftiges Terrassenlokal in der Altstadt, eigene Kleinbrauerei und karibische Küche. ○○
■ **One Duval Restaurant,** One Duval St., Tel. 296-4600. Der beste Platz für den Sonnenuntergang. ○○
■ **El Siboney,** 900 Catherine St., Tel. 296-4184. Authentische kubanische Küche, serviert in riesigen Portionen. ○–○○

Tour 2

Die Goldküste

Miami → Fort Lauderdale → Palm Beach → **Cape Canaveral → Orlando (420 km)

Karte Seite 59

Die »Gold Coast«, der südöstliche Teil von Floridas Atlantikküste, ist die am besten erschlossene Region des Staates. An den langen, breiten Sandstränden reihen sich gepflegte Hotel- und Apartmentanlagen, nahezu jedes Strandstädtchen besitzt einen Pier und eine Promenade. Große Attraktionen sind hier nur dünn gesät, dies ist mehr eine Region zum Genießen des lockeren Urlaubslebens: In den zahllosen Bars und Fischrestaurants trifft sich die Beach-Szene nach dem Volleyballspiel am Strand, Golfer finden hier einige der besten Plätze Amerikas, und die Hobbyangler können draußen im Golfstrom den Segelfischen und Marlins nachstellen.

Die Tour führt in vier bis fünf Tagen von Miami immer an der Küste entlang nach Norden, auf dem (gebührenpflichtigen) Florida's Turnpike ist man in nur fünf Stunden wieder zurück in Miami. Oder Sie gönnen sich eine Rückfahrt auf der Tour 3 entlang der Golfküste (s. S. 67). Die Hauptverkehrsader entlang der Ostküste ist die I-95, viel interessanter ist jedoch die SR A1A, ein schmales Sträßchen, das fast durchgehend direkt an der Küste oder auf der Küste vorgelagerten Inselstreifen entlangführt. Am besten pickt man sich einige Städte zum Besichtigen heraus, fährt die kürzeren Stücke dazwischen auf der A1A und überbrückt die längeren Strecken auf der I-95.

Tour 2 Die Goldküste

Auf dem ersten Abschnitt der Fahrt von Miami (s. S. 32) nordwärts merkt man keinerlei Übergang zu den nächsten Städten. Kolonnen von Strandhotels säumen die A1A, dazwischen immer wieder kleine Zentren mit Restaurants und Sportgeschäften und – in **Hollywood** – eine quirlige, gut 4 km lange Promenade. Der nächste größere Ort schließlich ist

Fort Lauderdale wird von zahlreichen Kanälen durchzogen

Fort Lauderdale ⓬

(35 km). Das »Venedig Amerikas« ist eine streng rechtwinklig angeordnete Stadt mit 1,7 Mio. Einwohnern im Großraum, von denen viele an den unzähligen Kanälen wohnen, die sich auf einer Länge von fast 270 km durch die Stadt ziehen. Ihren Namen erhielt die Stadt von einem hölzernen Fort, das Major William Lauderdale einst während der Indianerkriege errichtet hatte.

Der Stützpunkt verfiel und diente lange Zeit Meuterern, entlaufenen Sklaven und Deserteuren als Unterschlupf. Der Aufschwung kam erst Anfang des 20. Jh. mit der Eisenbahn, und als man begann, die großen Sümpfe trockenzulegen und Kanäle auszubaggern.

Die Kanäle wurden schnell zum Markenzeichen der Stadt: Was dem Durchschnittsamerikaner sein Auto, das ist dem Fort-Lauderdaler sein Wasserfahrzeug. In Fort Lauderdale sind über 42 000 Boote und Jachten registriert. Man fährt damit zum Einkaufen, ins Restaurant, oder man macht über den **Intracoastal Waterway** einen Ausflug hinaus auf den Atlantik.

★ Es ist am angenehmsten, die Stadt mit dem **Water Bus** (Tel. 954/467-6677) zu erkunden. Diese Boote bringen den Besucher zu Sehenswürdigkeiten, Restaurants und Hotels. Eine Alternative ist die Sightseeing-Fahrt mit dem Schaufelraddampfer **Jungle Queen**, der sich vom Jachthafen Bahia Mar aus durch die Kanäle wühlt (tgl. 10/14 Uhr, Fahrtdauer 3 Std.). Um 19 Uhr beginnt eine Dinner-Fahrt (Tel. 954/462-5596).

Fort Lauderdale hat einen legendären Ruf als Kneipenstadt. Diesbezüglich ist es zwar in den letzten Jahren etwas ruhiger geworden, aber es gibt hier immer noch über 100 Nachtclubs und mehr als 2000 Restaurants.

An der traditionellen Kneipenmeile **The Strip,** die sich am Ostende des Las Olas Boulevard direkt am breiten Sandstrand hinzieht, reihen sich Restaurants, Bars und Cafés.

Die Traumschiffe dieser Welt können Sie im **Port Everglades** am Südrand von Fort Lauderdale bestaunen, dem nach Miami weltweit größten Kreuzfahrthafen. Ebenfalls einen Besuch verdient die **International Swimming Hall of Fame** (1 Hall of Fame Dr.), in der Erinnerungsstücke rund um den Schwimmsport, von Johnny Weissmuller bis Mark Spitz, zu besichtigen sind.

Miami → Palm Beach → **Cape Canaveral → Orlando   Tour 2

Etwas weiter im Landesinneren liegt eine andere, ganz neue Attraktion: das hervorragende ***Museum of Discovery and Science** (401 S.W. 2nd St.). Hier wird Naturwissenschaft begreifbar gemacht. Besonders für Kinder ist es spannend, nüchterne Wissenschaft durch Fühlen, Hören und Experimentieren zu erleben. Auch für Erwachsene interessant sind **Florida Ecoscape,** eine detailreiche Ausstellung über die Natur Floridas, und die fesselnden Filme des IMAX-Kinos.

Sawgrass Mills, 12801 W. Sunrise Blvd. Die größte Outlet-Mall Amerikas – ein Shoppingparadies, in dem v. a. Kleidung und Schuhe mit kräftigem Discount angeboten werden. In der City lockt die elegante Shoppingmeile **Las Olas Blvd.**

Fort Lauderdale liegt in den Ausläufern der Everglades; das zeigt auch der **Sawgrass Recreation Park** (5400 US 27 N.), von dem aus Bootstouren durch die Sümpfe angeboten werden.

2

Karte Seite **59**

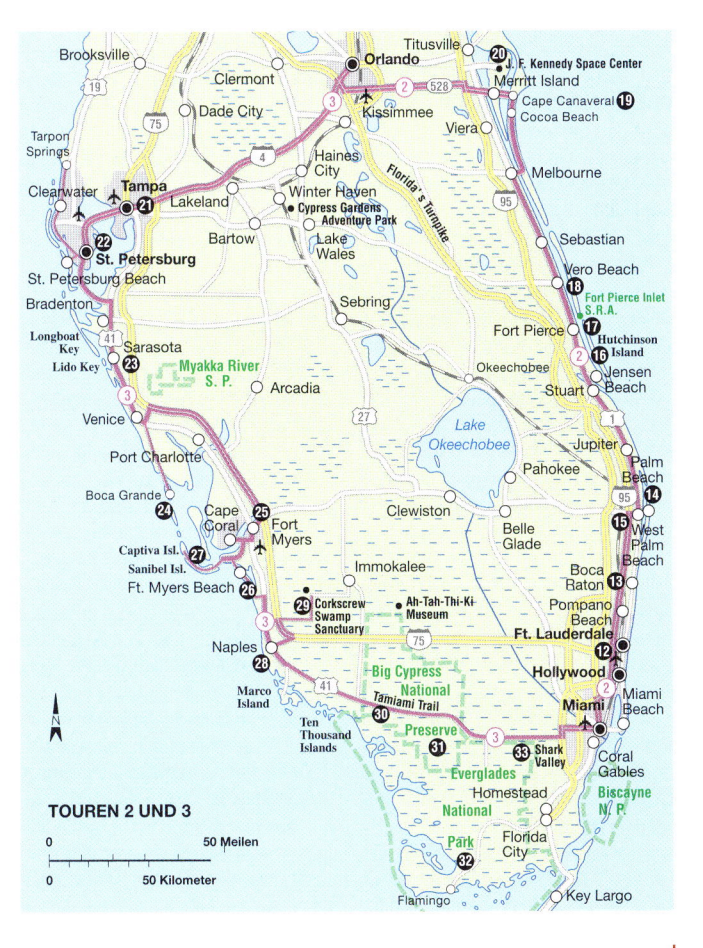

TOUREN 2 UND 3

Tour 2 Die Goldküste

Rund eine Fahrstunde westlich von Fort Lauderdale liegt tief in den Sümpfen an der I-75 das Reservat der Seminolen-Indianer. Hier zeigt das hervorragend gestaltete **Ah-Tah-Thi-Ki Museum** die historische Lebensweise des Stammes. Auch Lehrpfade und Touren in die Everglades (Di–So 9–17 Uhr; Tel. 863/902-1113, www.seminoletribe.com/museum).

Fort Lauderdale Convention & Visitors Bureau, 100 E. Broward Blvd., Suite 200, Tel. 954/765-4466, www.sunny.org

Marriott's Harbor Beach Resort, 3030 Holiday Dr., Tel. 954/525-4000, www.marriottharborbeach.com. Großes 14-stöckiges First-Class-Hotel direkt am Strand; Tennis, Golf. ○○○
■ **A Little Inn,** 4546 El Mar Dr., Lauderdale by the Sea, Tel. 954/772-2450, www.alittleinn.com. Ruhiges Bed & Breakfast-Haus mit eigenem Strand und gemütlichen Zimmern. ○○–○○○
■ **Tropic Seas Resort,** 4616 El Mar Dr., Lauderdale-by-the-Sea, Tel. 954/772-2555, www.tropicseasresort.com. Angenehmes kleines Strandmotel am Nordrand der Stadt. ○○

Mark's Las Olas, 1032 East Las Olas Blvd., Tel. 463-1000. Moderne amerikanische Küche in Perfektion; fabelhafte Desserts. ○○–○○○
■ **Aruba Beach Cafe**, 1 Commercial Blvd., Lauderdale-by-the-Sea, Tel. 776-0001. Quirliges Strandlokal mit guten Salaten, frischem Fisch und beliebter Happy-Hour. Live-Musik tgl. ab 16 Uhr. ○○
■ **Casablanca,** 3049 Alhambra St./SR A1A, Tel. 764-3500. Eines der nettesten Restaurants am »Strip« mit guten Drinks und karibisch-spanischer Küche. Abends meist Live-Musik. ○○
■ **Floridian Restaurant,** 1410 East Las Olas Blvd., Tel. 463-4041. Klassischer alter Diner, 24 Stunden geöffnet. Schön zum Frühstück. ○

Nach Boca Raton ⓭

Die Tour führt auf der A1A weiter Richtung Norden, immer vorbei an herrlich weißen Sandstränden. **Pompano Beach** heißt der nächste größere Ort, aber einen Übergang von Fort Lauderdale her merkt man nicht. Die Küste ist durchgehend bebaut, neue Städte erkennt man nur am Ortsschild.

Boca Raton (68 km), ein eleganter Villenort, erhielt seinen eigenartig klingenden Namen vermutlich bereits im 19. Jh., als Seeräuber hier Zuflucht suchten. *Boca Raton* heißt im Spanischen so viel wie »Rattenschnauze«, und mit ein bisschen Phantasie lässt sich erkennen, dass der Hafen der 75 000-Einwohner-Stadt auch so aussieht. Ähnlich wie Fort Lauderdale entstand Boca Raton auf trockengelegtem Sumpfland. Im **Gumbo Limbo Nature Center** (A1A, 1 Meile nördlich der Palmetto Park Rd.) führen Lehrpfade durch Mangrovensümpfe und subtropische Wälder. Nun ist es nicht mehr weit nach Palm Beach.

Palm Beach ⓮

Der Vorzeigeort an der Gold Coast (107 km) ist eigentlich nur eine schmale, lang gestreckte Insel. Palm Beach ist eine Enklave der Superreichen Amerikas, jeder der gut 10 000 Einwohner gehört zur Highsociety. Entsprechend ist die Atmosphäre. Man lebt ruhig und still, Touristen werden

Miami → Palm Beach → **Cape Canaveral → Orlando   Tour 2

The Breakers, das palastartige Nobelhotel in Palm Beach

Whitehall, einstiges Feriendomizil des Eisenbahnmagnaten Henry Flagler

geduldet, aber ignoriert. In den kleinen Strandorten ringsum findet man übrigens durchaus erschwingliche Unterkünfte, so dass man dann die fast nie überlaufenen feinen Sandstrände um Palm Beach genießen kann. Abends kann man in einem der zahlreichen Restaurants darauf warten, eine aus Funk und Fernsehen bekannte Nase zu sehen.

Die Haupteinkaufsstraße von Palm Beach ist die **Worth Avenue,** vergleichbar mit dem berühmten Rodeo Drive in Beverly Hills. Hier sind die exklusivsten Juweliere, Schuh- und Modemacher der Welt vertreten, hier kaufen Amerikas Berühmtheiten aus Film und Showbusiness ein. Es lohnt sich also, zu gucken, rechnen Sie aber mit einem happigen Palm-Beach-Aufschlag.

Wie der legendäre Eisenbahnbauer Flagler lebte, kann man im ***Henry M. Flagler Museum** in der Coconut Row sehen. Diesen »Whitehall« genannten Palast ließ Flagler 1910 für seine frisch angetraute junge Frau bauen. Im Garten des Hauses ist der private Eisenbahnwaggon Flaglers ausgestellt.

West Palm Beach ⓯
Eigentlich ist West Palm Beach touristisch relativ uninteressant, eine ganz normale amerikanische Kleinstadt mit rund 80 000 Einwohnern. Einzige größere Attraktionen sind das **Norton Museum of Art** (1451 S. Olive Ave., Di–Sa 10–17, So 13–17 Uhr, Eintritt 8 $, www.norton.org), Floridas größtes Kunstmuseum, mit einer sehr guten Sammlung von Impressionisten

---

The Breakers

Bestes Hotel und größte Sehenswürdigkeit von Palm Beach ist das **Breakers** (1 South County Rd.). Es ist nicht nur ein Hotel, es ist ein Prunkmuseum, ein Symbol für eine bestimmte Gesellschaft und eine große Zeit. Gebaut wurde der Vorläufer des heutigen Hauses im Jahre 1895 von den Eisenbahnmagnaten Henry Flagler. Das Breakers in seiner heutigen Gestalt (1925) ist ein riesiger weißer Prunkbau, eines der luxuriösesten Hotels der USA. Alle größeren Räume sind exklusiv von italienischen Künstlern mit Blattgold und Marmor gestaltet, zum Anwesen gehören zwei Golfplätze und ein 800 m langer Privatstrand (www.thebreakers.com; ○○○).

Tour 2 Die Goldküste

und das **Kravis Center for the Performing Arts.** Diese riesige Konzerthalle mit einer hervorragenden Akustik kostete 55 Mio. $, wurde aber gänzlich aus privaten Spendengeldern finanziert (Kartenreservierung unter Tel. 561/832-7469).

Interessant, besonders für Kinder, ist sicherlich ein Besuch im Wildpark **Lion Country Safari** (Southern Blvd. West/SR 80). Dieser Wildpark ist eigentlich ein Zoo, doch ist von Käfigen weit und breit nichts zu sehen. Man fährt mit dem Auto (Achtung: keine Cabrios!) durch die Parkanlagen und kann sich die Tiere aus der Nähe ansehen: Giraffen, Nashörner und viele andere afrikanische Arten.

Die Reichen und die Schönen von Palm Beach

Es begann um 1900: Gerade hatte Henry Flagler seine Eisenbahn gebaut, gerade sein Hotel »The Palm Beach Inn« errichtet, da kamen die wohlhabenden Gäste scharenweise herab aus den nördlicheren Staaten der USA. Im Laufe der Jahrzehnte wurde das edle Städtchen am weißen Strand immer mehr zum Domizil der Superreichen. Die Rockefellers, die Woolworths, die Kennedys, die Beatles, die Liste der Namen ließe sich endlos fortsetzen. Hier nämlich ist man unter sich, hat seine Ruhe. Die Villen und Paläste stehen zurückgesetzt hinter großen Mauern und Parkanlagen, Tag und Nacht bewacht von schwer bewaffneten Security-Teams. Selten bekommt man einen Prominenten zu Gesicht. Nur ab und zu rollt ein Rolls Royce langsam durch die Straßen. Wer drin sitzt? Man sieht es nicht, die Scheiben sind getönt.

Man trifft sich nur hin und wieder anlässlich eines Gala-Abends zu Gunsten irgendeiner karitativen Vereinigung etwa im Ballsaal des Breakers-Hotels oder zu privaten Parties. Die Gästelisten sind sorgsam zusammengestellt, Normalsterbliche erfahren von dem Ereignis nur aus den Klatschspalten der Tageszeitung »Palm Beach Post«. Oder man lässt sich kurz in einem Restaurant oder einer Bar sehen. Die Gesellschaftsreporter der »Palm Beach Post« zum Beispiel verbringen den Großteil ihres Arbeitstages damit, im Café l'Europe sitzend zu warten, ob ein Prominenter zur Tür hereinkommt.

Doch die alten Konventionen beginnen langsam zu bröckeln. Seit einigen Jahren sieht man immer mehr Mittelklassewagen im Straßenbild der Stadt. Das altehrwürdige Breakers-Hotel hat seine Marketing-Strategie geändert und umwirbt nun auch jüngere Gäste. Jeans im Foyer sind ein durchaus normaler Anblick geworden. Selbst die Golfclubs setzen auf die Jugend und bieten Schnupperkurse am Wochenende an. Auch in Palm Beach hat man die Zeichen der Zeit erkannt. Man möchte nicht zum goldenen Altersheim werden, kein Zufluchtsort für die Klasse der schwerreichen Greise, die irgendwann aussterben wird. Und dazu gehört, dass Touristen immer willkommener sind – auch wenn sie nicht im eigenen Wasserflugzeug am weißen Palmenstrand landen!

Miami → Palm Beach → **Cape Canaveral → Orlando   Tour 2

Palm Beach County Convention & Visitors Bureau, 1555 Palm Beach Lakes Blvd., Suite 800, Tel. 561/233-3000, www.palmbeachfl.com

Four Seasons, 2800 South Ocean Blvd., Tel. 561/582-2800, www.fourseasons.com. Klassisches amerikanisches Luxushotel mit sehr persönlicher Atmosphäre und hervorragendem Service. ○○○
- **Historic Inn,** 365 South County Rd., Tel. 561/832-4009, www.palmbeachhistoricinn.com. Familiäres Hotel in einem denkmalgeschützten Haus in bester Lage. ○○–○○○
- **Grandview Gardens,** 1608 Lake Ave., West Palm Beach, Tel. 561/833-9023, www.grandview-gardens.com. Gepflegte kleine Frühstückspension mit Pool und schönem Garten in einer ruhigen Wohngegend auf dem Festland. ○○

Café l'Europe, 331 South County Rd., Tel. 655-4020. Sehen und gesehen werden ist das Motto hier. Dazu serviert wird ausgezeichnete franko-amerikanische Kost. Gute Fischgerichte. ○○○
- **Taboo,** 221 Worth Ave., Tel. 835-3500. Trendlokal mit leichter California Cuisine und schickem Publikum. ○○–○○○
- **Charley's Crab,** 456 S. Ocean Blvd., Tel. 659-1500. Großes Steak- und Seafood-Restaurant mit Seeblick und hervorragender Weinkarte. ○○
- **Chuck & Harold's,** 207 Royal Poinciana Way, Tel. 659-1440. Der Traditionstreff in Palm Beach: mit schöner Terrasse und großer Bar. Auch zum Frühstück oder Lunch ideal. ○○
- **John G's,** 10 S. Ocean Blvd., Lake Worth, Tel. 585-9860. Sehr beliebter Coffeeshop – bekannt vor allem fürs Frühstück. ○

Nordwärts auf der A1A

Auf der A1A nordwärts kommt man in den ruhigen Teil der Gold Coast. Der Trubel ist vorbei, die Bebauung der Küste wird spärlicher, die Natur tritt in den Vordergrund. Der nächste größere Ort nach Palm Beach ist **Jupiter,** eine Stadt mit 40 000 Einwohnern. Ab und zu ist ein großes Resort-Hotel oder ein Golfplatz zu sehen, mehr nicht.

2
Karte Seite **59**

Wundern Sie sich nicht über die vielen neu gedeckten Häuser: Das Auge des Hurrikan Jeanne zog im Herbst 2004 direkt über die Region zwischen Jupiter und Cape Canaveral. Die Natur ist dabei, sich zu erholen, die touristische Infrastruktur ist längst wieder intakt.

Hutchinson Island ⓰

Die Strecke auf der A1A wird nun immer schöner. Die Straße schlängelt sich um traumhafte Buchten mit weißen Sandstränden, und immer wieder verläuft die Straße auf lang gestreckten vorgelagerten Inseln. Eines dieser stillen Eilande ist Hutchinson Island bei **Jensen Beach.** Hier legen im Juni und Juli rund 6000 Meeresschildkröten ihre Eier ab. Große Teile der Insel stehen deshalb während dieser Zeit unter Naturschutz. In Begleitung eines Rangers kann man jedoch auf einer »turtle watch tour« dem Schauspiel beiwohnen (Tel. 800/334-5483, Reservierung nötig). Nahebei darf man – in Europa ein eher ungewöhnlicher Gedanke – das Visitor Center des Atomreaktors **St. Lucie Nuclear Power Plant** besuchen (Gate B).

Fort Pierce ⓱

Ebenso wie Fort Lauderdale entstand auch das etwas weiter nördlich gelegene Fort Pierce (195 km) aus einem Fort, das 1838 von der US-Army zum

Schutz gegen die Seminolen-Indianer gebaut wurde. Heute leben die knapp 40 000 Einwohner hauptsächlich vom Handel mit Zitrusfrüchten und von Rindfleisch.

Hier ist ein Museum der ungewöhnlichen Art zu besichtigen: Im **Navy Seal Museum** (3300 N. A1A) wird die Geschichte der amerikanischen Kampfschwimmer dargestellt. Aber es gibt auch Natürlicheres: Beim **Manatee Center** (480 N. Indian River Dr.) sind in der Lagune zwischen Insel und Festland häufig Seekühe in freier Wildbahn zu beobachten.

Jack Island

Erholsam ist ein kleiner Ausflug nach Jack Island, einer kleinen Insel innerhalb der **Fort Pierce Inlet State Recreation Area.** In diesem Naturschutzgebiet leben viele seltene Wasservögel. Die Insel erreicht man zu Fuß über eine Brücke.

Vero Beach ⓲

Vero Beach (218 km), eine halbe Fahrstunde weiter nördlich, ist vielleicht eine der schönsten Städte an der Gold Coast. Hier gibt es nämlich nichts außer einem herrlichen Sandstrand mit Promenade, dem malerischen Indian River, riesigen Orangenplantagen und guten Restaurants. Gerade deswegen erfreut sich der Ort mit seinen 20 000 Einwohnern immer größerer Beliebtheit bei Urlaubern, die Wert auf Ruhe und Beschaulichkeit legen. Neuerdings hat sogar die Disney Company hier ein Hotel eröffnet – die Zukunft wird Großes bringen.

Vero Beach Chamber of Commerce, 1216 21st St., Tel. 772/567-3491, www.indianriverchamber.com

Disney's Vero Beach Hotel, 9250 Island Grove Terrace, Tel. 772/234-2000, www.disney.com. Weitläufiges Ferienhotel mit netten Villen am Strand; umfangreiches Kinderprogramm. ○○
■ **Vero Beach Comfort Inn,** 950 US Hwy. 1, Tel. 772/569-0900, www.comfortinn.com. Solides Kettenmotel an der Hauptstraße, mit Pool. ○–○○

Chez Yannick, 1605 S. Ocean Dr., Tel. 234-4115. Vielleicht eines der besten Restaurants der Gold Coast. Ein Franzose kocht und serviert vorwiegend Fische und Meeresfrüchte zu erstaunlich günstigen Preisen. ○○
■ **The Ocean Grill,** 1050 Sexton Plaza, Tel. 231-5409. Urwüchsiges Restaurant mit herrlicher Aussicht direkt am Meer. Geboten werden gute Steaks und Fisch. ○

Entlang der Schatzküste

Der Weg in Richtung Norden führt nun streckenweise entlang dem **Indian River,** der die vorgelagerten Inseln vom Festland trennt. Einen Stopp sollten alle Naturfreunde rund 20 km hinter Vero Beach einlegen: **Pelican Island Wilderness** wurde bereits 1905 gegründet und ist das älteste Wildnisschutzgebiet der Staaten. Das Betreten der Insel ist verboten, doch man kann vom Boot aus Pelikanen beim Brüten zusehen.

In **Melbourne** (272 km) spürt man bereits die Nähe zu Cape Canaveral. Die 70 000 Einwohner der Stadt leben fast alle vom benachbarten Weltraumbahnhof. Mit Ausnahme der Vororte auf der vorgelagerten schmalen Insel besteht die Stadt v. a. aus Wohnsiedlungen der Raketenarbeiter.

Miami → Palm Beach → **Cape Canaveral → Orlando   Tour 2

Space Shuttle und Raketen sind im J. F. Kennedy Space Center zu besichtigen

Cocoa Beach

Das Strandstädtchen (13 000 Einw., 297 km) an der A1A verdient einen Stopp. Allein schon der lange hölzerne **Pier** mit der Tiki Bar am Ende ist einen Spaziergang wert. Der Strand hier ist der Cape Canaveral nächst gelegene – und bietet bei Shuttlestarts gute Aussichten. Die Altstadt des benachbarten **Cocoa Village** wurde restauriert und bietet einige gute Restaurants.

Cocoa Beach Chamber of Commerce, 400 Fortenberry Rd., Merritt Island, Tel. 321/454-2022, www.space-coast.com

The Inn, 4300 Ocean Beach Blvd., Tel. 321/799-3460, www.theinnatcocoabeach.com. Stilvolles B&B-Hotel direkt am Strand. ❍

The Mango Tree, 118 North Atlantic Ave., Tel. 799-0513. Verspielt-romantisches Lokal mit Pflanzen und Goldfischteichen. Perfekte neuamerikanische Küche. ❍❍
Atlantic Ocean Grill, 401 Meade Ave., Tel. 783-7549. Beliebtes legeres Fischlokal auf dem Cocoa Beach Pier; guter Sonntagsbrunch. ❍❍

Nicht verpassen sollten Sie an der A1A den lilafarbenen Palast des **RonJon's Surf Shop,** den größten Wassersportladen in ganz Florida.

**Cape Canaveral ⓳

(330 km). Öde und leer wirkt **Merritt Island,** auf dem der Weltraumbahnhof liegt. Erst nach einigen Meilen wird man von der Faszination gepackt. Denn von hier sind sie gestartet, die Astronauten Neil Armstrong und Edwin Aldrin, die am 21. Juli 1969 als erste Menschen den Mond betraten. Und alle paar Monate startet auch heute eine Rakete ins All.

Die amerikanische Raumfahrt begann nach dem Zweiten Weltkrieg. Zunächst noch zögerlich, doch nachdem die Sowjets 1957 mit ihren Sputniks als Erste den Weltraum erobert hatten, wurde der Mond das erklärte Ziel der Nation. Zwölf Jahre später setzte zum Preis von 80 Mrd. $ ein Amerikaner als Erster den Fuß auf den Mond. Einen Dämpfer erhielt die Raumfahrt am 28. Januar 1986, als die Raumfähre »Challenger« 70 Sekunden nach dem Start explodierte; alle sieben Astronauten fanden den Tod.

Tour 2   Die Goldküste

17 Jahre später stürzt eine weitere Katastrophe die NASA in eine tiefe Krise und stellt ihr bemanntes Raumfahrtprogramm erneut in Frage: Im Januar 2003 zerbarst die »Columbia« beim Wiedereintritt in die Erdatmosphäre, wieder kamen alle sieben Astronauten ums Leben. Mit dem Bau der Internationalen Raumstation und geplanten Flügen zum Mars geht das Programm jedoch mittlerweile weiter.

J. F. Kennedy Space Center [20]

Das große Besucherzentrum der NASA liegt an der SR 405. Hier ist von Zweifeln am Sinn der bemannten Raumfahrt wenig zu spüren. Auf dem Freigelände sind zahlreiche Raketen ausgestellt sowie ein Space Shuttle in Originalgröße, daneben steht das **Astronauts Memorial,** eine schwarze Granitwand mit den Namen aller bei Weltraumflügen ums Leben gekommenen Astronauten. Unbedingt anschauen sollte man den *Film »The Dream is Alive« im **Imax-Kino,** und wer möchte, kann beim »Astronaut Encounter« auch echte Raumfahrer kennen lernen.

Höhepunkt des Besuchs ist eine Rundfahrt über das weitläufige Gelände. Ausgehend vom Visitor Center, führt die rund zweistündige Bus-Tour vorbei an dem riesigen, 160 m hohen VAB-Gebäude (Vehicle Assembly Building), in dem die Raketen montiert werden, zum **International Space Station Center,** zu den Abschussrampen und dem neuen **Apollo Saturn V Center,** in dem die Geschichte der Mondlandung 1969 nacherzählt wird (Touren tgl. 10–14.45 Uhr alle 15 Min., 31 $, Kinder 21 $). Am Westende des Raumfahrtkomplexes ist die *US Astronaut Hall of Fame** zu besichtigen, in der die Geschichte der Raumfahrt dokumentiert wird (tgl. 10–19 Uhr).

> **i** Auskünfte über Raketenstarts unter Tel. 321/449-4444, www.nasa.gov und www.kennedyspacecenter.com/launches.

Nach Orlando (420 km; s. S. 42) fährt man am besten auf der SR 528.

Alligatoren und Raketen

Anfangs hatte alles rein zweckmäßige Gründe. Merritt Island wurde 1947 als Raumfahrtstation gewählt, weil sie gut zu schützen war und der Atlantik eine gute Abschussfläche bot. Schnell jedoch ließ dieser Plan die Naturschützer auf die Barrikaden gehen. Die vielen seltenen Tierarten in den riesigen Sumpfgebieten der Insel würden durch die Raketen gestört werden, vermutete man. Doch es geschah etwas, das niemand vermutet hatte: Die wenigen Starts im Jahr störten die Tiere weit weniger als die Invasion von Touristen mit Autos, Jet-Skis und sonstigen Krachmaschinen. Immer mehr vom Aussterben bedrohte Tierarten fanden hier Zuflucht, sodass die Sümpfe und Lagunen sogar zum größten Naturschutzgebiet im Osten der USA erklärt wurden, dem **Merritt Island National Wildlife Refuge.** Heute leben in dem 56 700 Hektar großen Sperrgebiet und der angrenzenden **Canaveral National Seashore** u. a. Alligatoren, Gürteltiere, Seekühe und rund 260 Arten von Wasservögeln.

Tour 3

Die Golfküste

**Orlando → Tampa/St. Petersburg
→ Sarasota → Fort Myers → Naples
→ Miami (580 km)**

Anders als die Ostküste, die aus einem fast durchgehenden langen Sandstrand besteht, ist die Golfküste viel stärker gegliedert. Zahlreiche Buchten und Inseln schaffen reichlich Abwechslung, kleine Jacht- und Fischerhäfen schmiegen sich an die weit verzwegten Meeresarme, und viele der vorgelagerten Inseln sind noch ruhig und einsam – nur hin und wieder zerzaust ein Hurrikan die Idylle. Die kleinen Städtchen an der Westcoast träumen in den Tag hinein, und das Strandleben plätschert gemütlich dahin. Sogar der Golf von Mexiko schickt nur ganz sanfte Wellen an die flachen Sandstrände, sodass sich die Region besonders für einen Urlaub mit Kindern anbietet. Hier ist Trägheit eine Tugend und ein beschaulicher Drink auf der Veranda am Wasser oft das wichtigste Ereignis des Tages.

Die Strecke von Orlando entlang der Westcoast nach Miami ist gut in einer Woche zu schaffen. Wer es eilig hat, kann die Tour einschließlich der Besichtigungen auch in drei bis vier Tagen zurücklegen, doch um das Bild zu vervollständigen, sollten Sie sich unbedingt einige Badetage gönnen, beispielsweise auf Sanibel oder Captiva Island. Und übrigens: Nur die Westküste kann mit feuerroten romantischen Sonnenuntergängen über dem Meer aufwarten. Da kann die Atlantikküste nicht mithalten.

Von Orlando (s. S. 42) führt die Tour durch die weite Seenplatte Zentralfloridas nach Südwesten. Erdbeer- und Gemüsefarmen säumen den Weg, und natürlich riesige Zitrusplantagen. Für Technikfans sehenswert entlang des Wegs: das Flugzeugmuseum **Fantasy of Flight** mit einer einzigartigen Sammlung vor allem aus den 1930er und 40er Jahren (Polk City, Exit 44).

Tampa ㉑

(135 km). Die geschäftige Großstadt am Nordende der fast 50 km langen Tampa Bay besitzt den wichtigsten Container- und Frachthafen Floridas. In der Stadt selbst leben zwar nur knapp 320 000 Menschen, doch rund um die Bay sind es über 2,6 Mio. Tampa ist eine angenehme Stadt mit hübschen Wohn- und Einkaufsvierteln wie etwa dem **Old Hyde Park Village** (Swann Ave./Dakota St.).

Die Bucht von Tampa wurde schon früh von den Spaniern entdeckt. Nachdem Juan Ponce de León zuerst an der Ostküste gelandet war, ging er 1513 hier an Land. Erst unter amerikanischer Herrschaft entstanden gut 300 Jahre später an der Tampa Bay die ersten Forts als Stützpunkte während der Kriege gegen die Seminolen.

Das Jahr 1884 läutete schließlich die moderne Entwicklung der Stadt ein: Henry B. Plant führte die Schienen seiner »Atlantic Coast Railway« bis nach Tampa. Der Hafen blühte auf, und bald kamen auch die ersten Touristen zu den sonnigen Stränden am Westufer der Bay. Wenig später siedelten sich kubanische Zigarrendreher in Tampa an und begründeten damit eine neue, wichtige Industrie für die Stadt. Der Spanisch-Amerikanische Krieg auf Kuba brachte für den Hafenort einen weiteren Aufschwung. In den

3
Karte
Seite
59

Tour 3 Die Golfküste

Tampa hat eine imposante Skyline

1920er Jahren setzte dann der große Tourismusboom ein: Tampa wurde zur Metropole und die Strandregion auf der Westseite der Bay zu einem der beliebtesten Ferienziele für Amerikaner aus dem Mittelwesten.

Die früher recht langweilige Innenstadt Tampas wurde jüngst durch eine neue Attraktion am Hafen aufgewertet: **Channelside,** ein Shopping- und Entertainmentkomplex mit Restaurants und Kreuzfahrthafen.

Teil von Channelside ist auch das großartige ***Florida Aquarium,** in dem die Unterwasserwelt des Ferienstaates gezeigt wird. Unter einer 25 m hohen gläsernen Muschel werden die Ökosysteme der Flüsse, Sümpfe und Riffe Floridas präsentiert.

Nicht alles ist brandneu in Tampa: Auf der Westseite der Innenstadt blieb das alte **Tampa Bay Hotel** erhalten, das Henry B. Plant 1891 erbaute. Der pompöse, maurisch anmutende Phantasiepalast ist heute Sitz der University of Tampa. Im Südflügel erinnert das **Henry B. Plant Museum** mit alten Fotografien und originalem Mobiliar an die glorreichen Tage der Highsociety (401 West Kennedy Blvd.).

Einen Besuch verdient ***Ybor City,** das alte Viertel der Kubaner entlang der Seventh Avenue (historische Führungen Sa 10.30 Uhr; Start am Ybor City Museum, 1818 E. 9th Ave.). Hier standen einst die Zigarrenfabriken, die Tampa zur Tabakstadt Amerikas machten. Das Viertel wird nun restauriert, Restaurants und Boutiquen ziehen in die alten Lagerhallen. Und abends locken Blues-, Salsa- und Jazzkneipen. Neuerdings gibt es sogar eine Straßenbahn zur Innenstadt.

Tampa Bay Brewing Co.,
1812 N. 15th St., Ybor City, Tel. 247-1422. Beliebte Kneipe mit Hausbrauerei im historischen Viertel.

Noch etwas weiter nördlich liegt Tampas berühmteste Attraktion: ****Busch Gardens,** Vergnügungspark und Tierpark zugleich. Das Motto ist Afrika: Auf der Serengeti Plain, die man mit einer Schwebebahn umrundet, weiden Zebras und Giraffen; nebenan leben in hervorragend gestalteten Gehegen bengalische Tiger, Gorillas und Elefanten. Wer auf mehr Action aus ist, findet in der 120 ha großen Anlage spektakuläre Achterbahnen wie SheiKra, die steilste Loopingbahn der Welt, oder bricht zur »Rhino Rallye« in den Dschungel auf (3000 E. Busch Blvd., Tel. 888/800-5447).

Tampa Bay Convention & Visitors Bureau, 400 N. Tampa St., Suite 2800, Tel. 813/223-1111, www.visittampabay.com; Infocenter bei Busch Gardens.

Flughafen: Tampa International Airport liegt etwa 20 Minuten westlich der Innenstadt nahe der I-275 (Info unter www.tampaairport.com); Taxis, Limousinen und Shuttlebusse nach Tampa und zu den Strandorten.

Orlando → Tampa/St. Petersburg → Fort Myers → Miami Tour 3

Grand Hyatt Tampa Bay, 6200 Courtney Campbell Cswy., Tel. 813/874-1234, www.grandtampabay.hyatt.com. Gepflegtes Luxushotel am Westrand der Stadt mit herrlichem Blick über die Bucht. ○○○

▌**Best Western Suites Busch Gardens,** 3001 University Center Dr., Tel. 813/971-8930, www.thatparrotplace.com. Preisgünstiges Suitehotel nahe Busch Gardens. ○○

▌**La Quinta Inn,** 3701 E. Fowler Ave., Tel. 813/910-7500, www.laquinta.com. Sauberes, angenehmes Motel in der Nähe von Busch Gardens. ○–○○

Bern's Steak House, 1208 S. Howard Ave., Tel. 251-2421. Seit Jahrzehnten das Mekka der Steakliebhaber um die Tampa Bay; hervorragende Weinkarte mit alten Rotweinen. ○○

▌**Columbia Restaurant,** 2117 E. 7th Ave., Tel. 248-4961. Traditionslokal mit spanischer Küche. Man speist stimmungsvoll im schönen Innenhof. ○○

▌**Bahama Breeze,** 30445 N. Rocky Point Dr., Tel. 289-7922. Karibische Küche und karibisches Flair in Rocky Point Harbor auf der Westseite der Stadt. ○○

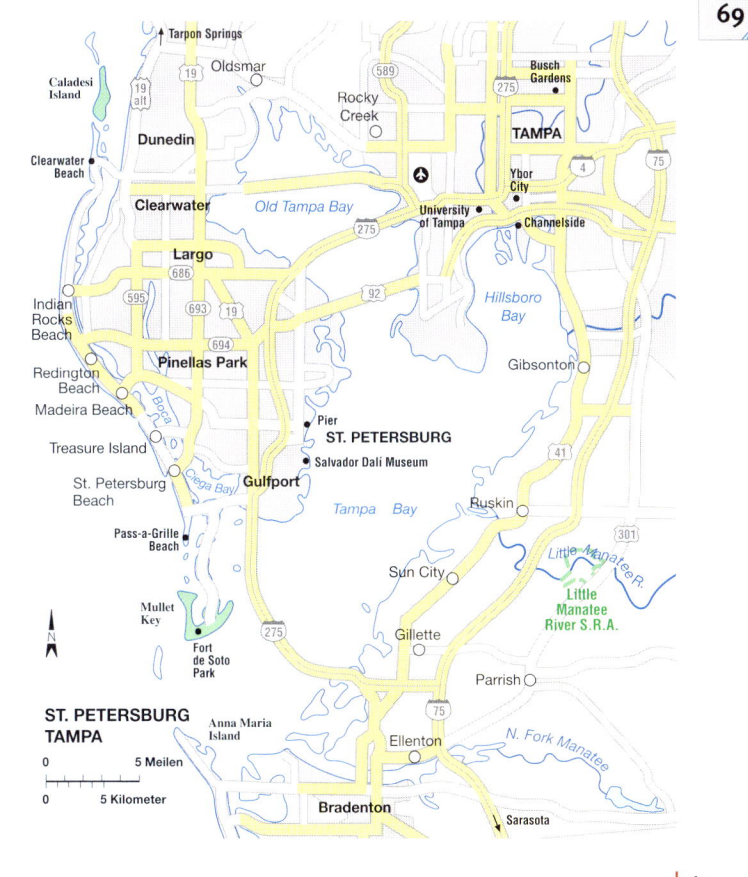

3
Karte Seite 69

Tour 3 Die Golfküste

■ **The Rusty Pelican,** 2425 Rocky Point Dr., Tel. 281-1943. Gutes Fischrestaurant mit Blick über die Bay. ○○
■ **Cheesecake Factory,** 2223 N. Westshore Blvd., Tel. 353-4200. Amerikanische Kost in einer Shopping-Plaza an der Bay Street. ○–○○

St. Petersburg ㉒

(250 000 Einw.; 167 km). Der gegenüber von Tampa am Westufer der Bay liegende Erholungsort ist wohl der bekannteste der Westküste. Seit vor gut 100 Jahren die amerikanische Ärztevereinigung das Städtchen wegen seines ausgeglichenen Meeresklimas zum gesündesten Platz Amerikas ausrief, kommen die Urlauber in Scharen. Sonne und angenehme Temperaturen sind garantiert: Im Schnitt scheint im Jahr an 361 Tagen die Sonne!

Während an der Ostküste Palm Beach zum Winterkurort der Oberen Zehntausend wurde, boomte St. Petersburg als Spielplatz des amerikanischen Mittelstandes.

Downtown

Die Innenstadt von St. Petersburg erstreckt sich am Ufer der Tampa Bay. Mittelpunkt des Geschehens ist der gut 700 m lange **Pier**, der in einem architektonischen i-Tüpfelchen endet: einer fünfstöckigen kopfstehenden Pyramide, die Restaurants, Läden, und ein Aquarium beherbergt.

Neben dem Pier widmet sich das **St. Petersburg Museum of History** der Stadtgeschichte und zeigt auch einen Nachbau des Wasserflugzeugs, mit dem 1914 der erste Linienflug der Luftfahrtgeschichte erfolgte: 30 km von Tampa nach St. Petersburg (335 2nd Ave. N. E., Tel. 727/894-1052). Das **Florida International Museum** etwas weiter im Inland zeigt große Wanderausstellungen etwa über Lady Di oder das Hubble-Teleskop (244 2nd Ave. N., Tel. 727/341-7900).

Die größte kulturelle Attraktion der Stadt liegt einige Straßen weiter südlich: das ****Salvador Dalí Museum.** In einem einzigen großen Raum wird in chronologischer Abfolge ein Überblick über das Werk des Surrealisten gegeben. Frühe Grafiken sind ebenso zu sehen wie die berühmten tropfenden Uhren oder Monumentalwerke wie »Die Entdeckung Amerikas durch Christoph Kolumbus«. Die Stadt verdankt die eindrucksvolle Sammlung dem Industriellen A. Reynolds Morse und seiner Frau Eleanor aus Cleveland. Als Freunde und Mäzene unterstützten sie Dalí rund 40 Jahre lang und vermachten ihre Sammlung schließlich dem 1982 erbauten Museum (mit Museumsladen, 100 3rd St. S., Tel. 823-3767).

Entlang dem Gulf Boulevard

Die Strände liegen weiter westlich auf einer rund 40 km langen Inselkette, die über mehrere Brücken mit dem Festland verbunden sind. Haupt- und Verbindungsstraße ist der Gulf Boulevard, an dem sich Ferienhotels, Apartmentanlagen und Restaurants reihen. Die kleinen Strandorte St. Petersburg Beach, Treasure Island, Madeira Beach und Clearwater Beach gehen nahtlos ineinander über.

Auf der Ostseite der Inseln findet man an der **Boca Ciega Bay** kleine Jachthäfen und von Kanälen durchzogene Wohnviertel, auf der Westseite herrliche breite Sandstrände.

Baden, Sonnen und Wassersport sind hier natürlich Trumpf, aber es gibt auch andere Attraktionen: das denkmalgeschützte **Don CeSar Beach Resort** zum Beispiel in St. Petersburg Beach, ein herrlich kitschiger, rosafarbener Zuckerbäckerbau von 1928.

Orlando → Tampa/St. Petersburg → Fort Myers → Miami   Tour 3

Rosafarbenes Prunkhotel von St. Petersburg Beach: Don CeSar

F. Scott Fitzgerald wohnte schon hier, und die nostalgische Atmosphäre passt bestens zu seinem Romanklassiker »The Great Gatsby«.

In Madeira Beach lockt **John's Pass Village,** ein zum Flanierviertel umgebauter Fischerhafen mit Restaurants und Läden. Nördlich davon kann man im **Suncoast Seabird Sanctuary** von Indian Shores, einem Pflegeheim für verletzte Vögel, u. a. Pelikane und Kraniche besuchen (18328 Gulf Blvd.).

An den Stränden im zentralen Teil der Inselkette tobt das Leben; wenn Sie etwas ruhigere Plätzchen suchen, sollten Sie an die Ränder ausweichen: **Pass-a-Grille Beach** und die weißen Strände von **Mullet Key** südlich von St. Petersburg Beach sind nie überlaufen; im Norden können Sie von Clearwater aus Bootstouren zum Beobachten von Delphinen unternehmen oder mit einer Fähre nach **Caladesi Island** übersetzen, einer fast 10 km langen Insel, die unter Naturschutz steht (Fahrplaninfos: Tel. 727/734-1501).

Ausflug nach Tarpon Springs

Abwechslung verspricht ein Abstecher nach Tarpon Springs, einem skurrilen Städtchen rund 20 km von Clearwater entfernt am Hwy. Alt 19. Um 1900 bauten hier griechische Schwammtaucher ein weiß gekalktes Dorf wie auf einer ägäischen Insel. In den Lokalen am

Reichhaltige Schwammgründe vor der Küste von Tarpon Springs

Karte Seite 69

Hafen gibt es Retsina zum Fisch, während man nebenan beobachten kann, wie die Schwämme ausgeladen werden. Von den Piers am Dodecanese Boulevard legen Boote zu Hafenrundfahrten ab; eine Austellung erläutert die Kunst des Schwammtauchens.

St. Petersburg/Clearwater Area Convention & Visitors Bureau, 13805 58th St., Clearwater, Tel. 727/464-7200, www.floridasbeach.com. Ein Informationsbüro gibt es auch am Pier in St. Petersburg selbst.

The Don CeSar Beach Resort, 3400 Gulf Blvd., St. Petersburg Beach, Tel. 727/360-1881, www.doncesar.com. Palasthotel aus den 1920er Jahren; gutes Restaurant, Sportmöglichkeiten am Strand. ○○○
■ **Doubletree Beach Resort Tampa Bay,** 17210 Gulf Blvd., North Redington Beach, Tel. 727/391-4000, www.doubletree.com. Gutes Strandhotel einige Minuten südlich von Clearwater. ○○–○○○

- **Holiday Inn Sunspree,** 6800 Sunshine Skyway Lane, St. Petersburg, Tel. 727/867-1151, www.holiday-inn.de. Gutes Mittelklassehotel an der Tampa Bay nahe zum herrlichen Strand von Fort DeSoto. ○○
- **Sheraton Sand Key Resort,** 1160 Gulf Blvd., Clearwater Beach, Tel. 727/595-1611, www.sheratonsandkey.com. Ruhiges Mittelklassehotel mit Sandstrand. ○○
- **Sea Chest,** 11780 Gulf Blvd., Treasure Island, Tel. 727/360-5501, www.theseachest.com. Einfaches Apartment-Motel am Strand. ○
- **Camping:** St. Petersburg Resort KOA, 5400 95th St. N., Tel. 727/392-2233. Ruhiger Privatcampingplatz an einer kleinen Seitenbucht; Swimmingpool.

Columbia Restaurant, 800 2nd Ave. N.E., Tel. 822-8000. Spanische Kost im Obergeschoss des Piers mit schönem Blick über die Bay. ○○
- **Sloppy Joe's on the Beach,** 10650 Gulf Blvd., Treasure Island, Tel. 367-1600. Fisch, Live-Musik und schöne Terrasse am Meer. ○○
- **The Lobster Pot,** 17814 Gulf Blvd., Redington Shores, Tel. 391-8592. Ausgezeichnet: Hummer und Fisch. ○○
- **Crabby Bill's,** 5100 Gulf Blvd., St. Pete Beach, Tel. 360-8858. Deftige Fischküche mit Sonnenuntergang. ○

Über die Tampa Bay

Über die 18 km lange Sunshine Skyway Bridge geht es von St. Petersburg in hohem Bogen über den Eingang der Tampa Bay nach Süden. Auch dort setzt sich die lange Kette der vorgelagerten Inseln fort: **Anna Maria Island** und **Longboat Key** liegen draußen am Golf vor der Kleinstadt Bradenton (205 km) und bieten herrliche Sandstrände.

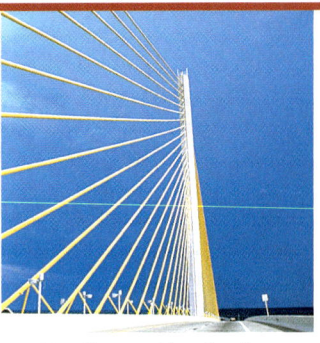

Sunshine Skyway Bridge über die Tampa Bay

Einen Stopp in Ellenton lohnen die **Prime Outlets,** ein Shoppingparadies im karibischen Stil mit Markenware zu günstigen Preisen (5461 Factory Shops Blvd., Mo–Sa 10–21, So 11–18 Uhr, www.primeoutlets.com).

Sarasota ㉓

(223 km). Die mit Galerien und Theatern gut bestückte Kleinstadt erreicht man am besten über den Hwy. 41. Kulturtempel wie das **Asolo Center for the Performing Arts** und die spektakuläre **Van Wezel Hall** bieten Broadway-Shows, Ballett oder klassische Bühnenstücke. Übers Jahr verteilt finden mehrere Musikfeste statt, darunter ein großes Jazz-Festival Ende März. Die Flaniermeilen der Stadt wie etwa die prächtige Promenade des **St. Armands Circle** auf Lido Key sind sehr elegant und edel.

Die Entwicklung zum kulturellen Zentrum Floridas verdankt Sarasota verblüffenderweise dem Zirkus, genauer gesagt dem **Ringling Brothers Circus.** Der reiche Börsenspekulant und Zirkuskönig John Ringling kam 1909 erstmals nach Sarasota und kaufte sich für den Winter ein Haus sowie einige Inseln vor der Küste. Bald darauf verlegte er den Wintersitz sei-

Orlando → Tampa/St. Petersburg → Fort Myers → Miami   Tour 3

Ca' d'Zan, das ehemalige Wohnhaus der Zirkusfamilie Ringling

nes »Ringling Brothers and Barnum & Bailey Circus« hierher. Sarasota wurde zur Zirkusstadt Amerikas.

Derweilen ging John Ringling daran, sich eine standesgemäße Residenz zu bauen. Die italienische Renaissance war seine Lieblingsepoche, und so wurde der Wintersitz der Ringlings in Sarasota ein venezianischer Palazzo. Nach der Weltwirtschaftskrise 1929 musste Ringling seinen Zirkus allerdings aufgeben; er starb 1936 völlig verarmt in New York.

Der Zirkus ist zwar inzwischen weggezogen, doch das Erbe der Ringlings blieb Sarasota erhalten. Schmuckstück der Stadt ist das ****Ringling Museum of Art,** eines der besten Kunstmuseen Floridas. In dem imposanten Ausstellungsbau ist u. a. barocke Malerei zu sehen, darunter viele Werke von Rubens. Im weitläufigen Museumspark stehen außerdem ein Zirkusmuseum, das von Ringling aus Italien importierte Asolo Theater und das jüngst restaurierte Wohnhaus der Ringlings, Ca' d'Zan, das an den Dogenpalast in Venedig erinnert (5401 Bayshore Dr., tgl. 10 bis 17 Uhr, Eintritt 15 $, www.ringling.org).

Aber auch die Natur kommt in Sarasota nicht zu kurz: Im **Myakka River State Park** östlich der Stadt an der SR 72 kann man bei den Wildlife Tours Interessantes über die Sümpfe im Hinterland erfahren und dabei Alligatoren und Wasservögel beobachten.

Kultivierte Natur zeigt der knapp 6 ha große **Marie Selby Botanical Garden,** der auf Orchideen und Bromelien, eine Art Ananasgewächs, spezialisiert ist (811 S. Palm Ave.). Das gut gestaltete **Mote Aquarium** (1600 Ken Thompson Pkwy.) widmet sich vor allem den Fischen und Meeressäugern vor der Westküste Floridas.

Sarasota Convention & Visitors Bureau, 655 N. Tamiami Trail, Tel. 941/957-1877, www.sarasotafl.org

Longboat Key Club, 301 Gulf of Mexico Dr., Longboat Key, Tel. 941/383-8821, www.longboatkeyclub.com. Weitläufige Ferienanlage mit eleganten Zimmern; ideal für Golf- und Tennisfans. ○○○

■ **Suntide Island Beach Club,** 850 Ben Franklin Dr., Tel. 941/388-2151, www.suntideislandbeachclub.com. Kleine Apartmentanlage am Strand von St. Armand's Key. ○○–○○○

■ **Comfort Inn Sarasota,** 5000 Tamiami Trail, Tel. 941/351-7734, www.comfortinn.com. Günstiges Kettenmotel nahe Ringling Museum und Flughafen. ○–○○

Camping: Gulf Beach Campground, 8862 Midnight Pass Rd., Tel. 941/349-3839, www.gulfbeachcampground.com. Camping- und Zeltplatz direkt am Strand auf einer vorgelagerten Insel.

Michael's on East, 1212 East Ave. S., Tel. 366-0007. Sehr gute neuamerikanische Küche in einem eleganten Bistro. ○○○

■ **Coaster's,** 1500 Stickney Point Rd., Tel. 925-0300. Beliebtes Terrassenlokal am Hafen. Gute Fisch- und Muschelgerichte. ○○

Karte Seite 59

■ **Hemingway's**, 325 John Ringling Blvd., Tel. 388-3948. Guter Fisch und Steaks in einem Terrassenlokal mitten im Flanierviertel am St. Armand's Key. ◐◑

Von Sarasota südwärts

Südlich von Sarasota beginnt für die nächsten 100 km eine recht wenig erschlossene Region: Große Sümpfe und Plantagen liegen im Hinterland, kleine, verschlafene Strandorte draußen an der von schönen Stränden gesäumten Küste. Erst seit die Autobahn I-75 1980 bis nach Naples hinab verlängert wurde, hat an der Südwestküste der Boom eingesetzt. Seither zählen die Städte hier zu den am schnellsten wachsenden ganz Floridas. Einen Dämpfer erhielt die rasante Entwicklung allerdings im Spätsommer 2004, als Hurrikan Charley über der Bucht von **Charlotte Harbor** an Land zog und die Region verwüstete. Es wird einige Jahre dauern, bis sich die Vegetation erholt hat.

⭐ Es gibt sie noch, die ruhigen kleinen Strandorte der Westküste: z. B. den – von Hurrikan Charley stark in Mitleidenschaft gezogenen – Fischerort **Boca Grande** ❷ auf **Gasparilla Island** mit alten Villen und hübschen Cafés. Auf der Insel kann man Wasservögel beobachten und auf dem alten Bahndamm herrlich Rad fahren. Räder sind in Boca Grande zu mieten.

Fort Myers und seine Inseln

Fort Myers ❷

(340 km). Rund 540 000 Menschen leben heute bereits hier, doppelt so viele wie noch vor 20 Jahren, und der jüngste Boom hält ungebrochen an. Das milde Winterklima, die hübschen Inseln vor der Küste und die nahen Strände sind die wichtigsten Pluspunkte der Region um die Mündung des Caloosahatchee River. Besonders im Winter ist es hier wärmer als etwa in St. Petersburg, und so ziehen immer mehr betuchte Senioren und Golfer zu. Die opulenten Villen im Vorort **Cape Coral** bezeugen das recht anschaulich. Fort Myers hat Tradition als Winterkurort, und alljährlich im Spätherbst fallen die so genannten *snowbirds* ein, die Winterflüchtlinge aus dem kalten Norden.

Auch der berühmteste Bürger der Stadt, Thomas Alva Edison, kam einst als »Schneevogel« und verbrachte über 40 Jahre lang jeden Winter in Fort

> ### Wintergast mit Genius
>
> Ihn nur als begnadeten Erfinder zu bezeichnen, wäre tiefgestapelt: der Mann war ein Genie. **Thomas Alva Edison** (1847–1931) erhielt in seinem Leben 1097 Patente für Erfindungen zugesprochen. Während seiner produktivsten Jahre um 1880 meldete er im Schnitt alle zehn Tage ein neues Patent an! Hinzu kommt, dass er wahrlich ein Allround-Talent war. Er erfand nicht nur die Glühbirne, seine berühmteste Tat, sondern auch die Säurebatterie, das Grammophon und das Mikrophon, die Filmkamera und den Börsenticker. Aus seinem Zement wurde der Panama-Kanal erbaut. Und sogar so alltägliche Dinge wie das Wachspapier oder das Klebeband gehen auf sein Erfinderkonto.
>
> Doch nun zu seiner Verbindung zu Fort Myers: Die langen Arbeits-

Myers, und nicht wenige seiner genialen Erfindungen entstanden hier.

Größte Attraktion der Stadt ist das **Edison Home,** denn der Erfinder hat kein steriles Museum hinterlassen, sondern ein lebendiges Denkmal seines Schaffens. Ein großer Teil seiner Erfindungen ist zu sehen, eine riesige Sammlung alter Grammophone und Glühbirnen und auch das Labor dieses genialen Tüftlers. Besonders der herrliche tropische Garten ist sehenswert.

Autofans können neben dem Edison-Anwesen das **Winterhaus von Henry Ford** besichtigen. Der Autobauer wurde 1916 von seinem Freund Edison dazu verleitet, sich hier ebenfalls ein Haus zu kaufen, in dem er die Winter verbrachte (Edison/Ford Homes, 2350 McGregor Blvd., Mo–Sa 9–16, So 12–16 Uhr; eineinhalbstündige Führungen jede halbe Stunde, Eintritt 16 $, www.edison-ford-estate.com).

Fort Myers Beach
Fort Myers selbst ist vor allem eine ruhige Wohnstadt. Als Besucher findet man Strände und Unterkünfte etwas weiter westlich im Vorort Fort Myers Beach auf Estero Island. Kilometerweit zieht sich hier der feine weiße Sand am türkisblauen Golf von Mexiko. Gepflegte Apartmentanlagen, Hotels und Restaurants reihen sich direkt dahinter.

nächte im zugigen Labor in New Jersey hatten seine Gesundheit angegriffen. Er brauchte dringend Erholung und Sonne, und so fuhr Edison auf Anraten seines Arztes im Winter 1884 nach Florida. In St. Augustine, seinem ersten Ziel, war es in diesem Jahr regnerisch und kalt, und so reiste er weiter südwärts. In Fort Myers, damals noch ein einsames kleines Dorf, wurde er fündig. Die Umgebung gefiel ihm so gut, dass er Land kaufte und bis zu seinem Tod 1931 jeden Winter hier verbrachte. Sein Haus ließ er in Fertigteilen per Schiff antransportieren.

Es war jedoch nicht so, dass der rastlose Tüftler nun die Wintermonate tatenlos im Lehnstuhl auf der Veranda verbrachte. Schon bald baute er sich ein Labor im Garten seines Anwesens und forschte weiter. Angeregt durch das günstige Klima, begann er sich für Pflanzen zu interessieren, ließ sich von Freunden aus aller Welt Samen und Stecklinge schicken und suchte nach neuen Nutzanwendungen. Mit über 6000 Pflanzenarten experimentierte er damals, und im weitläufigen Garten des Edison Home sind noch heute über 400 exotische Bäume und Büsche zu bewundern, darunter seltene afrikanische Arten, Zimtbäume, Teestauden und ein Regenbaum aus Südamerika. Auch der größte und älteste Banyanbaum Floridas steht hier: Seine Luftwurzeln haben zusammengenommen einen Umfang von 120 m. Mit seinem Haus und Garten, dem ältesten botanischen Nutzgarten Amerikas, hinterließ Edison den Bürgern von Fort Myers eine einzigartige Attraktion – und wird von ihnen daher alljährlich Mitte Februar mit einer großen Lichterparade geehrt.

Tour 3 Die Golfküste

Sanibel Island: Täglich werden zahllose Muscheln angespült

*Sanibel und *Captiva Island ❼
Noch idyllischer sind einige Badetage auf den vorgelagerten Inseln zu verleben, die unbestritten zu den schönsten der ganzen Westküste zählen – auch wenn die Vegetation derzeit noch etwas von Hurrikan Charley zerzaust ist. Ein breiter Damm verbindet Sanibel und Captiva mit dem Festland. Auf den Inseln selbst bewegt man sich zwischen Stränden, Hotels und Golfplätzen am besten per Fahrrad, das gut ausgebaute Netz von Radwegen ist ideal dafür.

Naturschutz wird auf den Inseln groß geschrieben: am **Bowman's Beach,** einem der schönsten Strände, legen wie seit Urzeiten jeden Sommer die Meeresschildkröten ihre Eier ab – streng bewacht von freiwilligen Strandpatrouillen.

Die von Mangroven überwucherte Landseite von Sanibel Island ist im ***J. N. »Ding« Darling Wildlife Refuge** unter Schutz gestellt. Auf mehr als 2000 ha Fläche dehnt sich dort eine unberührte Urlandschaft mit kleinen Lagunen und Wasserläufen aus, in denen sich Alligatoren suhlen. Vor allem im Winter lassen sich entlang dem 9 km langen Wildlife Drive zahlreiche Zugvögel beobachten: Rosa Löffler, Kraniche, Störche und rund 200 weitere Vogelarten (Kanutrails, Visitor Center, Tram-Touren; Fr geschl.).

Lee Island Coast Convention & Visitors Bureau, 12800 University Drive, Suite 550, Fort Myers, Tel. 239/338-3500, www.fortmyers-sanibel.com. Besucherzentrum für Sanibel Island am Ende der Brücke zur Insel, Tel. 239/472-1080

Flughafen: Southwest Florida International Airport, ca. 20 km südöstlich der Stadt (Info unter www.flylcpa.com); Taxishuttles nach Fort Myers, Sanibel, Naples und Marco Island.

Sundial Beach Resort, 1451 Middle Gulf Dr., Sanibel Island, Tel. 239/472-4151, www.sundialresort.com. Weitläufige Ferienanlage am Strand, geräumige Zimmer mit Küche. Tennisanlage und Golfplatz. ○○○

Orlando → Tampa/St. Petersburg → Fort Myers → Miami   Tour 3

■ **The Sanibel Inn,** 937 Gulf Dr., Sanibel Island, Tel. 239/472-3181, www.sanibelinn.com. Sehr gepflegtes kleines Hotel mit Gartenanlage direkt am Strand. Gutes Restaurant. ❍❍❍

■ **Tween Waters Inn,** 15951 Captiva Rd., Captiva Island, Tel. 239/472-5161, www.tween-waters.com. Ferienanlage mit Pool, eigenem Bootshafen und 2 km langem Strand. ❍❍–❍❍❍

■ **Outrigger Beach Resort,** 6200 Estero Blvd., Fort Myers Beach, Tel. 239/463-3131, www.outriggerfmb.com. Einfaches Mittelklassehotel mit Pool und Palmen und einer hübschen Strandbar. ❍❍

■ **Pink Shell Beach and Bay Resort,** 275 Estero Blvd., Fort Myers Beach, Tel. 239/463-6181, www.pinkshell.com. Angenehmes Strandhotel am ruhigen Nordende von Estero Island. ❍❍

Camping: Red Coconut RV Resort 3001 Estero Blvd., Tel. 239/463-7200, www.redcoconut.com. Großer, schattiger Strandcampingplatz, auch Hüttenvermietung.

Shell Coast

Berühmt sind Sanibel und Captiva Island vor allem wegen der zahllosen Muscheln, die mit jeder Flut an den flachen Stränden angeschwemmt werden. Die Region führt ihren Beinamen »Shell Coast« zu Recht – rund 400 Muschelarten kann man hier finden. Im modern gestalteten **Bailey-Matthews Shell Museum** (3075 Sanibel-Captiva Rd.; Mo geschl., www.shellmuseum.org), dem größten Muschelmuseum Amerikas, können Besucher Tausende der bunt gefleckten Kalkschalen bewundern.

■ **The Bubble Room,** 15001 Captiva Dr., Captiva Island, Tel. 472-5558. Witziges Restaurant mit verrücktem Spielzeugdekor; gute Steak- und Fischgerichte. ❍❍

■ **Keylime Bistro,** 1150 Andy Ross Lane, Captiva Island, Tel. 395-4000. Tropisch gestyltes Fischrestaurant, abends meist Live-Musik. ❍❍

■ **Lighthouse Café,** 362 Periwinkle Way, Sanibel Island, Tel. 472-0303. Gutes Frühstückslokal, leckere Omelettes und Pancakes. ❍

■ **Squiggy's 50's Diner,** 1661 Estero Blvd., Fort Myers Beach, Tel. 463-6262. Klassisch amerikanischer Retro-Diner; prima Burger und gutes Eis. ❍

Naples ㉓

Von Fort Myers Beach aus steuert man auf der SR 865 am Meer entlang Richtung Süden. Danach geht es weiter zur südlichsten Stadt der Westcoast: Naples (410 km). Zusammen mit dem südlich vorgelagerten **Marco Island** hat sich die gepflegte Kleinstadt in den letzten Jahren zum eleganten Trendziel gemausert. Rund 60 Golfplätze besitzt der 300 000-Seelen-Ort, einen Platz pro 5000 Einwohner. Zum Baden verlocken gut 70 km Sandstrände, zum Bummeln die Shoppingstraßen **Third Street** und **Fifth Avenue.** Abends kann man am **Naples Pier** den Sonnenuntergang genießen, ehe man in den Bars und Restaurants des restaurierten Hafenviertels **Tin City** den Tag beschließt.

★ **Caribbean Gardens,** 1590 Goodlette-Frank Rd., tgl. 9.30–17.30 Uhr, Eintritt 17 $. Diese weitläufige subtropische Gartenanlage ist zugleich ein Zoo, in dem Alligatoren und vielerlei Säugetiere auf

Karte Seite 59

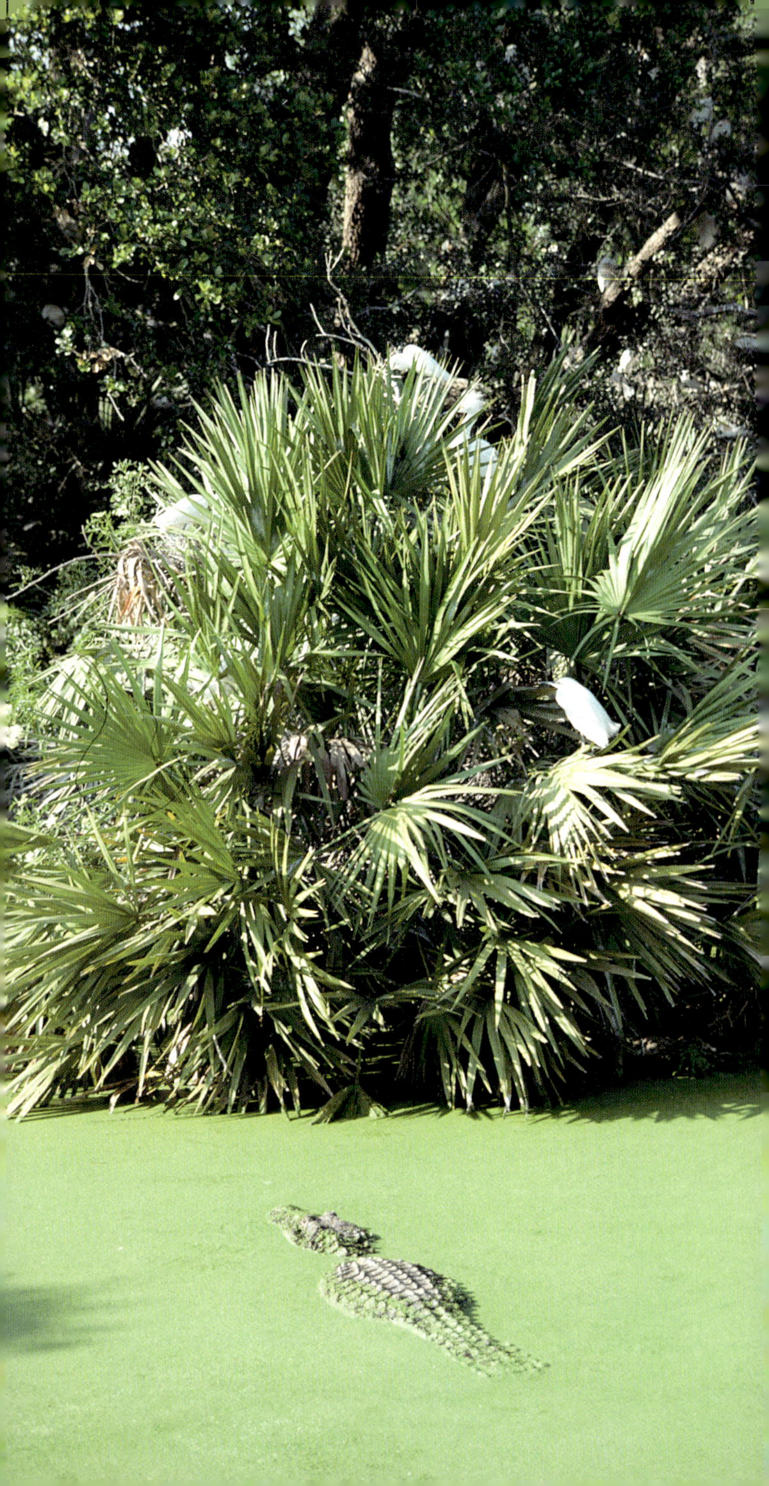

Orlando → Tampa/St. Petersburg → Fort Myers → Miami   Tour 3

Inseln und in naturgetreu gestalteten Gehegen leben. Bootstouren, Alligatorenfütterung, Schlangen-Show.

Die Stadt liegt am Rand der Everglades. So kann man in den vielen Naturschutzgebieten ringsum die Tierwelt der Sümpfe beobachten, etwa im **Corkscrew Swamp Sanctuary** ㉙ an der SR 846 oder im **Conservancy Nature Center** (1450 Merrihue Dr.). Mehrere Bootsfirmen bieten interessante Sightseeingfahrten durch die Jachthäfen der Stadt sowie im Labyrinth der **Ten Thousand Islands** an.

Naples Visitors Bureau, 2390 Tamiami Trail N., Tel. 800/688-3600, www.paradisecoast.com

The Ritz-Carlton Naples, 280 Vanderbilt Beach Rd., Tel. 239/598-3300, www.ritzcarlton.com/resorts/naples/. Luxuriöses Palasthotel am Sandstrand nördlich von Naples; gute Restaurants. ○○○
▪ **Naples Beach Hotel,** 851 Gulf Shore Blvd. N., Tel. 239/261-2222, www.naplesbeachhotel.com. Weitläufiges, schon älteres Strand-Resort; Tennis, eigener Golfplatz. ○○–○○○
▪ **Red Roof Inn,** 1925 Davis Blvd., Tel. 239/774-3117, www.redroof.com. Preiswertes Kettenmotel nahe der Innenstadt. ○–○○

Lafite, 475 Seagate Dr., Tel. 597-3232. Das elegante Dinnerrestaurant im Registry Resort bietet die wohl beste Küche an der südlichen Gulfcoast. ○○○
▪ **Tommy Bahamas,** 1220 Third St. S., Tel. 643-6889. Karibisch gestyltes Terrassenlokal in der Altstadt. Abends oft Livemusik. ○○
▪ **The Riverwalk Fish and Ale House,** 1200 5th Ave. South, Tel. 263-2734. Terrassenlokal in Tin City mit beliebter Bar; hervorragende Fischgerichte. ○

Der Tamiami Trail ㉚

Von Naples aus wendet sich der Tamiami Trail auf dem Hwy. US 41 nach Osten und durchquert die gewaltigen Sumpfgebiete an der Südspitze Floridas. Erst geht es durch die **Big Cypress National Preserve** ㉛, eines der letzten Rückzugsgebiete des vom Aussterben bedrohten Florida-Panthers, dann weiter entlang der Nordgrenze des ****Everglades National Park** ㉜ (s. S. 41). Hinter Palisaden liegen am Wegesrand Dörfer der Seminolen-Indianer, die hier noch relativ traditionsgebunden leben. Auf Touristendollar verzichten sie dennoch ungern, und so lassen sie sich mit desinteressierter Miene in ihren Dörfern besichtigen.

An mehreren Stationen entlang der Strecke werden auch Touren mit Propellerbooten angeboten: ein spritziges Vergnügen, bei dem man in rasender Fahrt über die endlos weiten Schilfflächen brettert.

Ruhiger und mit weit mehr Chancen, auch Tiere zu sehen, können Sie am Nordeingang des Everglades National Park im **Shark Valley** ㉝ die Sümpfe erleben. Entweder mit einer kleinen Bahn oder mit dem Fahrrad. Eine für Autos gesperrte Straße folgt einem 15 Meilen langen Rundkurs durch die Sümpfe. Vor allem im Winter sind in den Kanälen am Weg viele Alligatoren und Wasservögel zu sehen (Radvermietung am Parkeingang).

Danach fährt man auf der US 41 das letzte Stück weiter nach Miami (580 km; s. S. 32).

Karte Seite 59

Gut getarnt als Baumstamm: ein Alligator

Tour 4

Der Nordosten

**Orlando → Daytona Beach
→ **St. Augustine → Amelia Island
→ Ocala → Orlando (635 km)**

Nach all dem Strandrummel im Süden und den perfekten, aber künstlichen Vergnügungswelten von Orlando wird es Zeit für etwas mehr Gelassenheit und ein bisschen Südstaatenflair. Eine Fahrt in den Nordosten Floridas ist dafür genau richtig. Nicht dass es auf dieser Tour an Stränden mangelt: Gleich der erste Ort am Wege, Daytona Beach, ist eines der bekanntesten Strandziele der Atlantikküste. Von dort geht es hinauf in den Norden, immer an der Küste entlang. Die nächsten Highlights sind St. Augustine, die älteste Stadt Amerikas, und Fernandina Beach, ein viktorianisches Städtchen an der Grenze zu Georgia. Der Rückweg durch das Landesinnere führt über die Universitätsstadt Gainesville und das Ranchland um Ocala.

Für die Rundfahrt sollten Sie sich etwa sechs bis sieben Tage Zeit nehmen. Die Reservierung eines Zimmers ist nur entlang der Küste notwendig, vor allem an Wochenenden und Feiertagen. Die beste Reisezeit für den Nordosten ist zwischen Mai und November, im Winter wird es hier besonders nachts empfindlich kühl. Aber wem das nichts ausmacht, der kann – mit Pullover – in der sehr preisgünstigen Nachsaison auf den herrlichen Golfplätzen von Amelia Island fast alleine abschlagen oder gar im PGA-Hauptquartier in Ponte Vedra Beach Golf spielen.

Von Orlando (s. S. 42) führt die I-4 aus dem dicht besiedelten Dunstkreis der Metropole nach Norden zur Atlantikküste. Bald säumen Kiefernwälder, Rinderweiden und Orangenhaine die Strecke. Vielerorts entstehen aber auch hier am Ufer der kleinen Seen neue Siedlungen, die vor allem durch den steten Zustrom von Pensionären und anderen Winterflüchtlingen aus dem Norden wachsen.

Wenn Sie während der Wintermonate unterwegs sind, lohnt sich ein kurzer Abstecher vom Exit 54 über Orange City zum **Blue Spring State Park** ㉞. Im klaren, rund 20° C warmen Wasser dieser artesischen Quelle sind zahlreiche Seekühe (Manatis) zu beobachten, die ab November hier überwintern.

Daytona Beach ㉟

(570 000 Einw.; 93 km). Dieser Ort ist für alle Autofans gleichbedeutend mit Motorsport und Geschwindigkeitsrekorden. Bereits 1902 fanden in Daytona Beach und im benachbarten Ormond Beach die ersten Autorennen statt. Damals knatterten tollkühne Piloten wie Alexander Winton und Ransom E. Olds mit 92 km/h über den bretthartern Strand. Schon vier Jahre später durchbrach man die 200-km/h-Grenze, und 1935 raste Sir Malcolm Campbell mit 445 Sachen über den Sand – und als letzter Rennfahrer von Daytona Beach ins Guiness-Buch der Rekorde.

Die Tage der Strandflitzer sind vorbei und der Verkehr am Meer ist heute auf 10 mi/h abgebremst. Die Hochgeschwindigkeitsrennen auf dem Sand wurden schlichtweg zu gefährlich, und so baute man schließlich den **Daytona International Speedway,** auf dem

Orlando → Daytona Beach → **St. Augustine → Orlando Tour 4

heute die großen Stock-Car- und anderen Autorennen stattfinden. Die wichtigsten Rennen wie etwa das **Daytona 500** werden zwischen Januar und März gefahren. Einen Überblick über die Geschichte des Motorsports gibt das angeschlossene Museum **Daytona USA**. Hier ist auch ein Nachbau des »Stanley Steamer« zu sehen, in dem Fred Marriott 1907 bereits über 300 km/h schnell fuhr (1801 International Speedway Blvd.).

Hauptattraktion in Daytona ist nach wie vor der 37 km lange, teilweise befahrbare Strand, ein Ziel für Kurzurlauber aus ganz Zentralflorida. Ruhefanatiker sind hier fehl am Platz: Am Strand toben Jugendliche auf dreirädrigen Bikes, im Wasser auf Jet-Skis, und nachts amüsiert man sich in den

Frühlingsgefühle

Jedes Jahr an Ostern ist es wieder soweit: Gerade haben die 500 000 Motorradfahrer Daytona Beach verlassen, die hier traditionell jedes Jahr in der ersten Märzwoche die Daytona Bike Week veranstalten. Gerade sind Millionen von Bierdosen weggeräumt, die Straßen gefegt, die Strände neu geharkt. Gerade hat sich die Stadt von diesem Spektakel erholt, da bricht eine neue, noch größere Invasion über sie herein. Aus allen Teilen des Landes kommen junge Leute angereist, per Anhalter mit Ruck- und Schlafsack, per Bus oder Billigflug, viele aber auch mit eigenem Sportflitzer, iPod und Handy.

Spring Break ist in Daytona Beach die Zeit der Studenten, die seit Jahrzehnten hier ihre Frühjahrsferien verbringen: die Zeit des leichten Lebens, des schnellen Abenteuers und des heftigen Bierkonsums. »Hören und Trinken« scheint das Motto zu lauten. Überall in der Stadt wird Bier verkauft, stehen Lautsprecher und Open-Air-Bühnen. Weder die Aids-Angst noch die Gesünder-Leben-Kampagnen haben der Freude einen Abbruch getan. Spring Break in Daytona Beach scheint sich jedes Jahr einer noch größeren Beliebtheit zu erfreuen. Tag und Nacht wird gefeiert, kaum eine Ferienwohnung, in der nicht rund um die Uhr eine Fete stattfindet.

Schon längst haben die Einwohner der Stadt erkannt, dass bei dem Spektakel ein guter Dollar zu machen ist. Wehrte man sich früher noch dagegen, dass über Ostern wochenlang betrunkene Kids durch die Straßen torkelten und an den Stränden wilde Orgien gefeiert wurden, so hängt man heute schon lange vor dem großen Ereignis Transparente mit »students welcome« über die Straßen. Zugleich erhöht man natürlich die Preise für Betten und Bier, denn der Student von heute ist längst kein armer Schlucker mehr. Die Moms und Dads der jungen Wilden nämlich erinnern sich oft wehmütig an ihre eigenen Spring Breaks in Daytona Beach und stellen ihren Sprösslingen gerne die Kreditkarten zur Verfügung. Der »normale Tourist« sollte Daytona Beach während dieser Zeit meiden – es sei denn, er ist selbst geneigt, sich in den Trubel zu stürzen und eine »good time« zu haben.

4
Karte
Seite
85

Bars, Discos und Rummelplätzen an der geschäftigen **Atlantic Avenue,** die sich auf ganzer Länge die Küste hinzieht. Mittelpunkt des Geschehens ist der **Boardwalk** neben dem Pier am Ende der Main Street.

Wer es gern ruhiger mag, sollte ans Südende von Daytona Beach zum Park um das **Ponce Inlet Lighthouse** flüchten. Hier ist der Strand fast nie überlaufen, Naturpfade erschließen die Dünen, und vom originalgetreu erhaltenen Leuchtturm aus dem Jahre 1887 bietet sich ein weiter Blick über die Küste. Eher gemächlich ist auch eine Sightseeing-Fahrt mit dem historisch gestylten Riverboat **Tiny Cruise Line** auf dem Halifax River (Reservierung: Tel. 226-2343).

Daytona Convention & Visitors Bureau, 126 E. Orange Ave., Tel. 386/255-0415, www.daytonabeach.com

Hilton Daytona Beach, 100 N. Atlantic Ave., Tel. 386/254-8200, www.daytonahilton.com. 15-stöckiges, terrassenförmig gebautes First-Class-Hotel mit eigenem Strand. Alle 743 Zimmer mit Blick aufs Meer; sehr gutes, hauseigenes Restaurant. ○○○
■ **Best Western Aku Tiki Inn,** 2225 South Atlantic Ave., Tel. 386/252-9631, www.bwakutiki.com. Legeres Aparthotel am Meer, die Zimmer teilweise mit Kochgelegenheit. ○○
■ **Tropical Manor Motel,** 2237 S. Atlantic Ave., Tel. 386/252-4920, www.tropicalmanor.com. Freundliches Strandhotel mit großen Zimmern, Pool, Restaurant. ○–○○

The Wreck Riverfront Grill, 115 Main St., Tel. 226-3000. Terassenlokal am Halifax River, Fisch, Steaks und Live-Musik. ○○

■ **Aunt Catfish's,** 4009 Halifax Dr., Port Orange, Tel. 767-4768. Lautes, aber gemütliches Traditionslokal, das Südstaatenküche, Steaks und Seafood mit Blick über den Halifax River serviert. ○○

Über Ormond Beach nach nach Anastasia Island

Von Daytona Beach nach Norden gibt es nun zwei Wege: Schneller ist die I-95, landschaftlich weitaus reizvoller der Hwy. A1A, der als schmales Sträßchen über lang gestreckte Inseln immer der Küste folgt, vorbei an kleinen Badeorten wie **Ormond Beach** oder **Flagler Beach**.

Wer es bisher verpasst hat, in Orlando oder weiter südlich eines der großen Ozeanarien zu besuchen, dem bietet sich hier noch einmal die Gelegenheit: *****Marineland of Florida** ㊱, 25 km nördlich von Flagler Beach an der A1A, ist das älteste Ozeanarium der Welt (gegr. 1938) und hat sich seit der Großrenovierung nach einem Hurrikan auf Delphine spezialisiert. Besucher können in Lehrprogrammen die freundlichen Meeressäuger näher kennen lernen und mit ihnen schwimmen (Reservierung vorab unter Tel. 904/471-1111, www.marineland.net).

Fort Matanzas, A1A, Fährverbindungen jeweils zur halben Stunde 9.30–16.30 Uhr. Bootsausflug in die Piraten- und Konquistadorenzeit Floridas: Die spanische Bastion von 1742 wurde nach einem Gemetzel benannt, bei dem 300 gefangene Franzosen hingerichtet wurden.

Anastasia Island ㊲
Gleich einige Kilometer weiter an der A1A, am Nordende von Anastasia Island, wartet eine weitere »tierische«

Orlando → Daytona Beach → **St. Augustine → Orlando   Tour 4

Attraktion: Die bereits 1893 gegründete *St. Augustine Alligator Farm besitzt die wohl beste Sammlung von Schlangen und Panzerechsen in ganz Florida. Besonders eindrucksvoll ist der Spaziergang um den sumpfigen Teich, in dem die in Florida heimischen Alligatoren leben. In den Bäumen darüber nisten zahlreiche Seidenreiher. Direkt gegenüber dem Tierpark dehnt sich in der **Anastasia State Recreation Area** ein herrlicher langer Dünenstrand aus (Campingplätze).

Castillo de San Marcos am Hafeneingang von St. Augustine

**St. Augustine

(12 000 Einw.; 200 km). Die idyllische Kleinstadt gilt als die älteste kontinuierlich bewohnte Ansiedlung der Vereinigten Staaten und hat sich eine charmante Kolonialatmosphäre aus der spanischen Zeit bewahrt. Hier sollten Sie zumindest einen ganzen Tag Aufenthalt einplanen und nach Möglichkeit in einem der schön restaurierten, historischen B & Bs wohnen.

Beim heutigen St. Augustine betrat 1513 Ponce de León als erster Weißer den Boden Floridas. Gut 50 Jahre später versuchten französische Hugenotten etwas weiter nördlich eine Kolonie zu gründen und forderten damit den Zorn der spanischen Krone heraus. Noch im Herbst desselben Jahres, 1565, vernichtete der spanische Konquistador Pedro Menéndez de Avilés die französische Kolonie und gründete eine spanische Siedlung: St. Augustine. Die Stadt blieb seither ständig besiedelt – und umkämpft von Indianern, Piraten und Engländern; sie wechselte im Laufe der Jahrhunderte ständig die Besitzer.

Erst zu Anfang des 19. Jhs., als Florida US-Territorium wurde, kehrte Ruhe ein. Doch dann begann Henry Flagler 1885 mit dem Bau seiner Eisenbahnlinie: St. Augustine wurde zum Winterkurort schwerreicher Industrieller. Als die Bahnlinie jedoch weiter nach Süden geführt wurde, zogen auch die reichen Urlauber weiter. Die Stadt fiel in einen langen Dornröschenschlaf, der erst mit dem neuen Boom der letzten Jahre endete.

*Castillo de San Marcos
Blickfang am Hafeneingang von St. Augustine ist diese massive sternförmige Festung aus gelblich-weißem Muschelkalkstein, aus dem auch die meisten Häuser der Stadt bestehen. Errichtet wurde das Castillo zwischen 1672 und 1695 von den Spaniern als Schutz gegen die Engländer. Zu besichtigen sind hier das Wachhaus, das ehemalige Munitionslager, ein Gefängnis und eine Kapelle. An den Wochenenden werden die alten Kanonen abgefeuert.

Downtown
Die kleine, überschaubare Innenstadt lernt man am besten zu Fuß oder mit der Pferdekutsche kennen. Viele der schmalen Gässchen sind für den Autoverkehr gesperrt. Hauptachse ist die malerische **St. George Street,** die am Nordende mit einem Stadttor beginnt. Direkt anschließend liegt südlich davon das *Colonial Spanish Quarter,

4
Karte
Seite
85

Tour 4 Der Nordosten

eine Gruppe von Gebäuden entlang der St. George Street, die originalgetreu restauriert wurden. Kostümierte Führer spielen hier recht lebensnah den Alltag der Soldaten, Händler und Siedler während der spanischen Kolonialtage nach (Eingang: Triay House, 29 St. George St.). Ein weiteres Freiluftmuseum mit neun historischen Häusern steht am Südrand der Altstadt, das **Old St. Augustine Village** (Cordova/Bridge St.).

Auch die meisten übrigen Sehenswürdigkeiten liegen rings um die Fußgängerzone, etwa das älteste Haus Amerikas, das **Gonzales-Alvarez House** (14 St. Francis St.), oder das **Oldest Wooden Schoolhouse** (14 St. George St.) aus der Zeit um 1750. Die älteste katholische Pfarrei Amerikas in der **Cathedral of St. Augustine** (40 Cathedral Pl.) stammt von 1797.

An der King Street im Süden der St. George Street stehen die prunkvollen Hotels, die Henry Flagler Ende des 19. Jhs. für seine betuchte Klientel erbauen ließ. Das maurisch angehauchte *Ponce de León Hotel** ist heute ein College, das in spanischem Neobarock gestylte **Alcazar Hotel** dient als

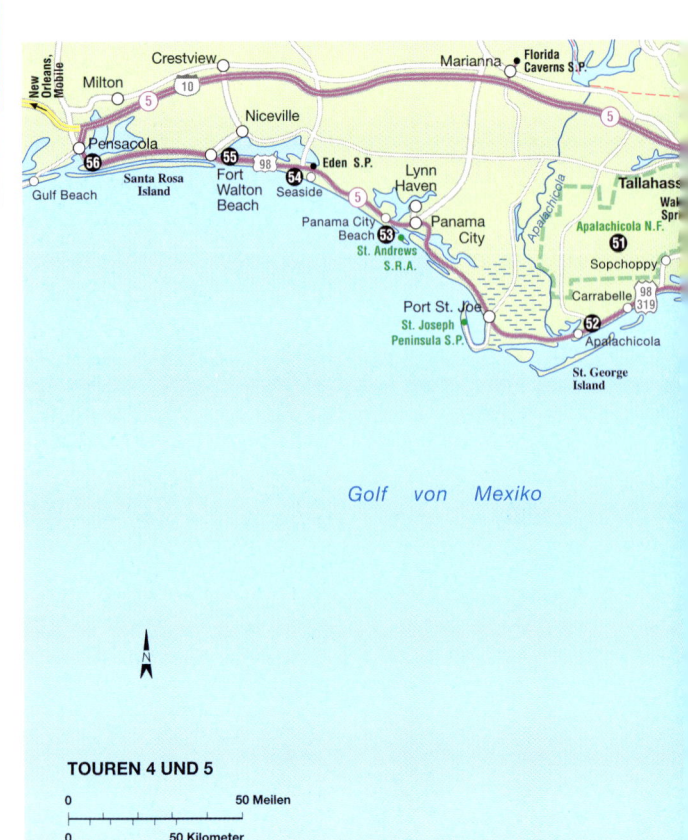

TOUREN 4 UND 5

Orlando → Daytona Beach → **St. Augustine → Orlando   Tour 4

Ausstellungsgebäude des **Lightner Museum,** das eine große Sammlung von Kunst des 19. Jhs. birgt.

Zu guter Letzt: Als Golfer sollte man sich am Stadtrand die **Golf Hall of Fame** (I-94, exit 323) nicht entgehen lassen, wo Memorabilien der besten Golfer der Welt aufbewahrt werden.

St. Augustine Visitor Center, 88 Riberia St., Tel. 904/829-1711, Fax 829-6149, www.visitoldcity.com. Infocenter neben dem Stadttor an der St. George St.

Casa Monica, 95 Cordova St., Tel. 904/827-1888, www.casamonica.com. Prachtvoll renoviertes historisches Hotel im maurischen Stil direkt in der Altstadt. ○○○
■ **Kenwood Inn,**
38 Marine St., Tel. 904/824-2116, www.thekenwoodinn.com. Historisches B&B-Inn in der Altstadt; Pool. ○○–○○○

Camping: Ocean Grove Camp Resort, 4225 Hwy. A1A S., Tel. 904/471-3414, www.oceangroveresort.com. Großer Privatplatz gegenüber dem Strand, etwas südlich der Stadt.

Karte Seite 85

Columbia Restaurant,
98 St. George St., Tel. 824-3341. Spanische Kost in der Altstadt; touristisch, aber gut. ○○○
- **Old City House,** 115 Cordova St., Tel. 826-0184. Anspruchsvolle Florida-Küche, Spezialität: Meeresfrüchte und Fisch; auch B & B-Zimmer. ○○
- **Saltwater Cowboys,**
299 Dondanville Rd., Tel. 471-2332. Rustikales Fischlokal mit Blick über die Marschlandschaft, südlich der Stadt. Manchmal Live-Musik. ○○

Nach Amelia Island

Von St. Augustine führt die Tour auf der A1A weiter entlang der Strände nach Norden. Der nächste Ort, **Ponte Vedra Beach,** ist mit seinen Resorthotels bekannt als Mekka der Golfer und Tennisspieler. Die internationale ATP-Tennisorganisation und die PGA-Golforganisation haben hier ihren Sitz.

Jacksonville ㊴

Die Stadt ist ein Phänomen: Mit gut 1,2 Mio. Einwohnern ist sie die größte Einzelstadt Floridas und flächenmäßig gesehen sogar die größte der gesamten Vereinigten Staaten. Dennoch führt Jacksonville ein Schattendasein. Touristisch kann die geschäftige Industriestadt nicht viel bieten, doch ein Bummel durch den riesigen Hafen und am neu gestalteten **Riverwalk** entlang ist recht reizvoll.

Einen Besuch lohnt auch die **Anheuser Busch Brewery.** Dies ist nicht etwa eine idyllische kleine Brauerei, sondern eine der größten Bierfabriken Amerikas. Mehrmals täglich werden knapp einstündige Führungen angeboten, selbstverständlich mit Kostpröbchen (111 Busch Dr., Tel. 751-8116; So geschl.).

Amelia Island ㊵

Auf der I-95 oder der A1A geht es weiter Richtung Norden. So langsam wird es ruhiger, verträumter. Der Bundesstaat Georgia kommt immer näher und mit ihm jene idyllische Südstaatenatmosphäre, die man aus so vielen Filmen kennt.

Amelia Island (288 km), die nördlichste Insel an Floridas Atlantikküste, zieht sich gut 20 km bis zur Grenze nach Georgia hin. Heute ist das Eiland vor allem wegen des internationalen Tennisturniers im April bekannt. Doch Amelia hat auch Geschichte: Die Insel wurde wegen ihrer strategisch wichtigen Lage jahrhundertelang von Spaniern, Engländern, Franzosen und Amerikanern umkämpft. Das zum Museum restaurierte **Fort Clinch** zeugt noch von diesen turbulenten Tagen.

Gegen Ende des 19. Jhs. war Amelia Island eines der ersten Sonnenziele: Exklusive Golf- und Tennisresorts liegen inmitten herrlicher Parkanlagen an den langen Dünenstränden. Hauptort der Insel ist *Fernandina Beach, einst ein Fluchtpunkt für Piraten und Schmuggler, heute ein malerischer 10 000-Seelen-Ort mit viktorianischen Häusern und einem schönen Hafen.

Amelia Island Chamber of Commerce, 961687 Gateway Blvd., Tel. 904/261-3248, www.ameliaisland.org

Amelia Island Plantation,
3000 First Coast Hwy., Tel. 904/261-6161, www.aipfl.com. Weitläufiges Golf-, Tennis- und Strandresort am Südende von Amelia Island mit gepflegten Ferienwohnungen und Villen. ○○○
- **The Bailey House,** 28 S. 7th St., Tel. 904/261-5390, www.bailey-house.com. Hübsches B & B in viktorianischem Haus. ○○

Brett's Waterway Café,
1 S. Front St., Tel. 261-2660.
Achteckiger Holzbau am Hafen mit großer Veranda; Steaks und Seafood in guter Qualität. ○○

Gainesville ④

Von Amelia Island führt die Tour ins Landesinnere. Um das ausufernde Jacksonville nicht noch einmal durchqueren zu müssen, nimmt man am besten die US 301, die in großem Bogen die Stadt umgeht.

Auf der SR 24 geht es weiter in eine der unbekanntesten und doch interessantesten Städte Nordfloridas: Gainesville (440 km). Touristen fahren nicht oft nach Gainesville. Und in der Tat: Es gibt hier kein Meer, keine Berge und keine Vergnügungsparks. Trotzdem verdient die 240 000-Einwohner-Stadt einen Besuch. Wer buntes Leben mag und lockere Atmosphäre, wer gerne gut isst und einmal eine typisch amerikanische Unistadt kennenlernen möchte, der ist hier richtig.

In Gainesville studieren über 35 000 junge Leute an der **University of Florida.** Die Stadt wurde erst 1854 gegründet, die Universität existiert seit 1906 und gehört zu den größten des Landes. Mehr als 800 Gebäude stehen auf dem weitläufigen Campus, und von Kunst über Jura und Medizin bis zu Krankenpflege kann man hier fast alles studieren. Entsprechend bunt gemischt ist das studentische Völkchen, das sich in den Cafés und Kneipen rings um den Campus drängt.

Einen ersten Überblick über die Stadt und die Uni verschafft man sich am besten von der Dachterrasse des **University Center Hotel.** Danach kann man einige der kleineren Attraktionen auf dem Campus besichtigen, etwa das **Samuel P. Harn Museum of Art** (Ecke Hull Rd./S. W. 34th St.) mit seiner Sammlung amerikanischer und afrikanischer Kunst sowie gleich nebenan in der Cultural Plaza das **Florida Museum of Natural History.** Hier wird die Flora und Fauna Floridas dokumentiert. Anhand von Computeranimationen kann man die Vor- und Früh-

Teufelslöcher

Unter den Naturschutzgebieten im Umland von Gainesville verdient vor allem der **Devil's Millhopper Geological State Park** einen Abstecher. Kernstück des Parks ist ein gut 40 m tiefes »sinkhole«, eine für den Norden Floridas typische Naturerscheinung. »Sinkholes« entstehen, wenn eine Höhle in dem porösen, von Regen und Bächen durchlöcherten Kalkboden dieser Region einstürzt und alles Oberirdische verschlingt. Auch heute kommt es hin und wieder zu solchen Einbrüchen: Im Jahr 1980 zum Beispiel stürzten in Winter Garden bei Orlando eine Tankstelle mit mehreren Autos und ein Haus samt Swimmingpool in ein neu entstehendes »sinkhole«. Der Abgrund war anschließend gut 100 m breit und 30 m tief. Das »Teufelsloch« im Devil's Millhopper State Park ist dagegen schon viel älter. Es stürzte bereits vor rund 10 000 Jahren ein, und an den kühlen, schattigen Hängen blieb eine eiszeitliche Vegetation erhalten, die man normalerweise nur in den Bergen der Appalachen findet.

geschichte Floridas nachvollziehen. Neueste Attraktion des Museums ist der **Butterfly Rainforest,** eine vier Stockwerke hohe Schmetterlingsvoliere mit natürlich gestalteter tropischer Umgebung. Hunderte von Faltern aus 55 Arten flattern hier um Wasserfälle und Dschungelpflanzen.

Alachua County Visitors Bureau, 30 E. University Ave., Tel. 866/778-5002, www.visitgainesville.net

Paramount Plaza, 2900 S.W. 13th St., Tel. 352/377-4000, www.paramountplaza.com. Angenehmes, nicht zu teures First-Class-Hotel mit 191 Zimmern etwas außerhalb neben einem kleinen See. ○○
Holiday Inn University Center, 1250 West University Ave., Tel. 352/376-1661, www.holiday-inn.de. Solides Mittelklassehotel in der City mit freundlichem Service. ○○
Camping: Croos Creek Lodge, 14430 East CR 325, Tel. 352/466-3228, www.afamilytradition.net. Typisches Angelcamp mit Boot- und Kanuvermietung. Auch Airboat-Touren.

The Sovereign, 12 S.E. 2nd Ave., Tel. 378-6307. Restaurant in ehemaligem Lagerhaus mit guter italo-amerikanischer Küche. ○○
Mi Apa Latin Cafe, 114 S.W. 34th St., Tel. 376-7020. Preiswerte kubanische Küche, beliebt bei den Studenten. ○

Ocala ⓬ und Umgebung

Südlich von Gainesville beginnt eine idyllische, sattgrüne Weidelandschaft, wie man sie in Florida wohl kaum erwarten würde. Fast wie der weitläufige Park eines englischen Herrensitzes mutet sie an – und es gibt hier Pferde, überall Pferde. Das gute Klima und das besonders nahrhafte, mineralienreiche Gras dieser Region ist ideal für die Zucht, und so sieht man auf den Weiden viele der besten Rennpferde Amerikas grasen. Reitstallbesitzer aus den ganzen USA schicken ihre Champions in die renommierten Ställe.

Hauptort der Region ist **Ocala** (500 km), eine ländliche Kleinstadt mit stimmungsvollen Eichenalleen und schön restaurierten alten Südstaatenhäusern.

Wer sich näher für die Pferdezucht interessiert, kann am Hwy. 40 westlich der Stadt einige große **Gestüte** sehen und über die Ocala-Marion County Chamber of Commerce auch eine Besichtigung arrangieren (110 E. Silver Springs Blvd., Tel. 352/629-8051, www.ocalacc.com).

Berühmter noch als die Pferdezucht sind in Ocala die ***Florida's Silver Springs** ⓭ an der SR 40. Mehr als 2 Mrd. Liter Wasser sprudeln täglich aus dem tiefen Becken der schön in einem Waldgebiet eingebetteten artesischen Quelle. Bei Fahrten mit Glasbodenbooten kann man in dem kristallklaren Wasser bis auf 20 m Tiefe die Fische beobachten und erfährt Interessantes über die Geologie und Naturgeschichte der Quellen, die übrigens häufig für Filmaufnahmen als Kulisse dienen. James Bond hat hier schon Unterwasserkämpfe ausgetragen.

Wenn noch Zeit bleibt, können Sie östlich von Ocala einen Abstecher in die weiten Kiefernwälder des **Ocala National Forest** unternehmen, wo zahlreiche Picknick- und Campingplätze zum Ausspannen einladen. Ansonsten ist man über die Autobahn in knapp zwei Stunden Fahrt wieder zurück in Orlando (635 km; s. S. 42).

Tour 5

Der Panhandle

Orlando → *Tallahassee → Apalachicola → Panama City Beach → *Pensacola (950 km)

Diese Tour führt nordwärts in das andere Florida. Hierhin haben sich bislang noch die wenigsten Touristen aus Europa verirrt. Während im Süden die Strände wohlbekannt – und dementsprechend dicht belegt – sind, führt der Panhandle, der lang gestreckte Nordwestzipfel des Sunshine-Staates, ein einsames Dasein. Es ist dort längst nicht so heiß und schwül, dafür locken der Golf von Mexiko mit herrlichen, schneeweißen Sandstränden und die Wälder im Inland mit ihren einsamen Seen und Flüssen zum Kanufahren.

Die Tour beginnt in Orlando und führt durch große Waldgebiete nach Norden. Nach dem Besuch von Tallahassee, der Hauptstadt Floridas, ist ein Höhepunkt sicherlich die Fahrt von Panama City nach Pensacola, immer an schneeweißen Stränden entlang, die viele als die schönsten ganz Floridas bezeichnen. Vom Westende Floridas kann man dann in ein bis zwei Tagen nach New Orleans weiterfahren oder kehrt über die Autobahn schnell wieder nach Orlando zurück. Sie sollten sich für diese geruhsame Tour mindestens eine Woche Zeit nehmen, denn es gibt viel zu entdecken. Und Erholung ist garantiert. Die besten Reisezeiten für den Nordwesten Floridas sind Frühjahr und Herbst, im Winter kann es empfindlich kühl werden.

Strahlend weißer Sand an der Küste des Panhandle

Von Orlando nach Tallahassee

Von Orlando (s. S. 42) führt die Tour zunächst durch weites Plantagenland nach Westen bis Tampa (135 km; s. S. 67) und **Clearwater** ④ (167 km). Hier kann man an den weiten Stränden des Golfs von Mexiko eventuell schon den ersten Badestopp einlegen. Sodann geht es weiter auf dem Hwy. 19 nach Norden. Bald endet der dicht bebaute Dunstkreis der Tampa Bay, und die Straße taucht in große Kiefernwälder ein. Hier gibt es keine Strände mehr, die Golfküste ist stark versumpft.

In weiten Abständen liegen einige Attraktionen am Wegesrand, z. B. **Weeki Wachee** ⑤ (233 km), einer der ältesten Vergnügungsparks Floridas. Seit 1947 treten im Becken einer artesischen Quelle täglich kostümierte Nixen zum Wasserballett an – kitschig, aber höchst vergnüglich. Im Freizeitangebot sind außerdem ein kleiner Zoo mit Streichelgehege, Spazierwege

Karte Seite 85

Tour 5   Der Panhandle

durch subtropischen Wald sowie Bootstouren auf dem Weeki Wachee River. Im Wasserpark **Buccaneer Bay** nebenan kann man sich schließlich selbst im Wasserballett versuchen.

Bald erreicht man **Homosassa Springs** ⑮ (265 km), eine artesische Quelle, die Mittelpunkt eines naturbelassenen Wildparks ist. Im kristallklaren Wasser können Sie von einer verglasten Unterwasserplattform aus zahllose Fischarten, Schildkröten und auch Manatis beobachten.

Noch berühmter für seine Seekühe aber ist das rund 10 km nördlich gelegene **Crystal River** ⑰. Die sanften Meeressäuger tummeln sich häufig im gleichnamigen Fluss, in freier Wildbahn, nahe dem Ort (s. Special S. 7).

*Cedar Key ㊽

Ein Abstecher lohnt sich am Hwy. 24 nach Cedar Key (800 Einw.), das auf einer vorgelagerten Insel im Golf liegt. Der alte Hafenort bietet heute das Bild nostalgischer Verträumtheit – ein ideales Plätzchen, um in einem der Restaurants am hölzernen Pier hervorragend Fisch zu essen.

Captain's Table, am Pier, Tel. 352/543-5441. Rustikales Lokal mit Holzdeck über dem Wasser, ideal für den Krabbenschmaus zum Sonnenuntergang. ○○
Island Hotel, 373 2nd St., Tel. 352/543-5111. Verfeinerte Florida-Küche in einem historischen Haus. ○○

Durch dichte Waldgebiete verläuft der Hwy. 19 weiter nach Norden. Am viel besungenen Suwannee River, wo man im **Manatee Springs State Park** gute Gelegenheit für eine Kanutour findet (Vermietung und Abholung), beginnt dann geografisch gesehen der Panhandle. Das ist jener Landstreifen zwischen dem Golf von Mexiko und den

Old Capitol in Tallahassee

Staaten Alabama und Georgia, durch den die Halbinsel Florida wie an einem Pfannenstiel am Kontinent hängt.

*Tallahassee ㊾

(542 km). Drei Fahrstunden später taucht schließlich die wenig bekannte Hauptstadt Floridas auf. Mit 335 000 Einwohnern ist das politische Zentrum des Sonnenstaates nur eine Kleinstadt, doch eine sehr charmante. Vieles in Tallahassee erinnert an die nahen Südstaaten: die gemächliche Atmosphäre, die alten Holzvillen in hübschen Gärten und die von Spanischem Moos überwucherten Eichenalleen, die *canopy roads*. Mittags herrscht schläfrige Ruhe in der Stadt, und die Beamten schlendern in leichten Anzügen durch die Straßen, um schließlich in einem der vielen Restaurants und Cafés einzukehren.

Zentrales Bauwerk der Stadt ist das 1845 erbaute **Old Capitol** (Monroe St./Apalachee Pkwy.), ein prächtiger weißer Kuppelbau, in dem heute verschiedene Ausstellungen die Geschichte des Staates illustrieren. Es wird überragt vom neuen **State Capitol,** einem 22-stöckigen, nicht besonders ansehnlichen Büroturm, von dessen Aussichtsplattform in der obersten Etage sich allerdings ein herrlicher Blick über die Stadt bietet.

Noch mehr Geschichte wartet im **Museum of Florida History** (500 S. Bronough St.), in dem u. a. vom spanischen Konquistador Hernando de Soto erzählt wird, der 1539 als erster Weißer den Ort betrat, an dem sich heute Tallahassee befindet. Die besondere Attraktion im **Tallahassee Museum of History and Natural Science** (3945 Museum Dr.) ist eine Farm von 1880, die originalgetreu wieder aufgebaut wurde. Noch viel weiter zurück in die Geschichte führt ein Besuch der **Mission San Luis** (2021 Mission Rd.). In einem schattigen Park wurde hier auf authentischen Fundamenten ein indianisch-spanisches Dorf aus dem 16. Jh. nachgebaut.

Tallahassee – ungeliebte Hauptstadt Floridas

Es war im Jahre 1823, als der junge Staat Florida unbedingt eine Hauptstadt bekommen sollte. Aus heutiger Sicht würde man dabei sofort an Miami denken, doch dort wucherte nur ein undurchdringlicher Mangrovensumpf. Die beiden größten Städte waren damals St. Augustine im Osten und Pensacola im Westen, und beide wollten Kapitale werden. Da man sich nicht einigen konnte, wurden Kundschafter losgeschickt, um über einen Kompromiss zu verhandeln. Aus St. Augustine kam ein Reiter, aus Pensacola ein Kanufahrer. Die beiden Unterhändler trafen sich annähernd in der Mitte beim Lake Jackson nahe einem verlassenen Siedlungsplatz, den die Creek-Indianer der Umgebung *Tallahassee,* »alte Felder«, nannten.

Die Abgesandten bauten einige Blockhütten und begannen zu disputieren. Da die Herren zu keiner Einigung fanden, so erzählt die politische Fama, beschlossen sie kurzerhand, das lauschige Plätzchen zur Hauptstadt zu ernennen. 1845 begann man mit dem Bau des Capitol, eines stattlichen, kuppelgekrönten Regierungsgebäudes mit antiken Säulen.

Der Streit, ob denn das verschlafene Tallahassee eine würdige Hauptstadt für den brodelnden, trendigen Sunshine-Staat sei, ist so alt wie die Stadt selbst. Viele meinen, Miami oder vielleicht noch Orlando im geografischen Mittelpunkt des Staates seien viel besser geeignet. Dort säße die wirtschaftliche Macht, also gehöre auch die politische dorthin. Die Parlamentarier allerdings fühlen sich sehr wohl im hohen Norden. Die wenigsten wären bereit, aus dem beschaulichen Städtchen wegzuziehen und unten im schwülen, heißen Süden zu tagen. Im Jahre 1977 wurde den Diskussionen ein Ende bereitet. Man leistete sich in Tallahassee ein neues Regierungsgebäude, einen völlig deplaziert wirkenden 22-stöckigen Betonklotz. Damit scheint nun bis auf Weiteres geklärt: Tallahassee ist und bleibt die Hauptstadt Floridas – und es darf weiterhin gemütlich regiert werden.

Tour 5 Der Panhandle

Pebble Hill Plantation, eine herrliche Südstaatenvilla in Thomasville

Lohnend ist noch ein Ausflug zu den herrlich restaurierten Südstaatenvillen und Gärten an das Nordende der Stadt, etwa zu den **Alfred B. Maclay State Gardens** am Hwy. 319 oder zur nostalgischen **Pebble Hill Plantation** in Thomasville, bereits jenseits der Grenze im Staat Georgia.

Tallahassee Area Convention & Visitors Bureau, 106 E. Jefferson St., Tel. 850/413-9200, www.seetallahassee.com

Governor's Inn, 209 S. Adams St., Tel. 850/681-6855, www.thegovinn.com. Elegantes Hotel in einem ehemaligen Lagerhaus in bester Innenstadtlage. ○○–○○○

Quality Inn & Suites, 2020 Apalachee Pkwy., Tel. 850/877-4437, www.qualityinn.com. Einfaches Mittelklassehotel am südlichen Stadtrand. ○○

Barnacle Bill's, 1830 N. Monroe St., Tel. 385-8734. Frischer Fisch und riesige Salate in einem rustikalen Lokal. Bar mit Live-Musik. ○○

Smokey Bones BBQ, 3131 Capital Cir. N.E., Tel. 386-2480. Hier gibt's große Salate, Steaks, Baked Beans und zart gegrillte Rippchen in rauchiger Grillsoße – mmh! Dazu eine beliebte Sports-Bar. ○

Wakulla Springs und Carrabelle

Nur etwa 20 km südlich von Tallahassee liegt tief in den Wäldern des **Edward Ball Wakulla Springs State Park** die angeblich tiefste Quelle Floridas. Die wasserreichste ist **Wakulla Springs** in jedem Fall: Aus einer Tiefe von 56 m sprudeln täglich rund 2 Mrd. Liter kristallklares Wasser. Trotz regen Andrangs im Sommer ist Wakulla Springs nach wie vor ein idyllisches Fleckchen.

Wakulla Springs Lodge, im Wakulla Springs State Park, Tel. 850/224-5950, www.floridastateparks.org/wakullasprings. Ruhiges historisches Hotel mit morbidem Charme mitten im Dschungel. ○○

Orlando → *Tallahassee → Apalachicola → *Pensacola   Tour 5

Die Tour wendet sich nun auf dem Hwy. 98/319 in Richtung Westen. Die wenig befahrene Straße führt durch die ausgedehnten Kiefernwälder des rund 235 000 ha großen **Apalachicola National Forest** ⓟ.

⭐ Der Apalachicola N. F. bietet bei Sopchoppy (608 km) gute Möglichkeiten zum **Kanufahren.**

Der Highway folgt der flachen Küste, vorbei an einsamen Stränden und winzigen Austernfischerorten wie etwa **Carrabelle** (640 km), einer Ansiedlung mit 1000 Seelen. Westlich des Hafenstädtchens beginnt ein Küstenabschnitt, dem eine Reihe lang gestreckter Inseln vorgelagert ist. Der flache Sund zwischen Festland und Inseln eignet sich nicht zum Baden; dafür gedeihen hier die besten Austern.

Apalachicola ⓟ

In der Bucht bei Apalachicola (2600 Einw.; 676 km), einem der idyllischsten Orte entlang der Küste, liegt auf gut 5000 ha Fläche eine Austernzucht neben der anderen. Rund 80 % der Gesamtproduktion an Austern in Florida stammt aus Apalachicola. Seit Jahrzehnten sind die Schalentiere hier Grundnahrungsmittel. Genießen kann man sie in einer der vielen »Oyster Bars« am Highway.

Das kleine **John Gorrie State Museum** (6th St./Ave. D; Di/Mi geschl.) ist dem Erfinder der Klimaanlage gewidmet. Dr. Gorrie ersann Mitte des 19. Jhs. eine Maschine zur Luftkühlung – eine Entwicklung, ohne die die Besiedlung Südfloridas fast unmöglich gewesen wäre.

In Apalachicola muss man sich einfach treiben und sich von der Schläfrigkeit des Ortes anstecken lassen.

🏠 **The Gibson Inn,** Market St., Tel. 850/653-2191, www.gibsoninn.com. Holzhaus aus dem 19. Jh. mit 30 liebevoll restaurierten Zimmern; Restaurant. ○○○

🍴 **Caroline's,** 123 Water St., Tel. 653-8139. Ausgezeichnetes Fischrestaurant am Hafen mit Blick über die Bucht. ○○

■ **Blue Parrot Oceanfront Café,** 68 W. Gorrie Dr., St. George Island, Tel. 927-2987. Austern, Fisch und Steaks auf einer Terrasse am Strand der vor Apalachicola liegenden Insel. ○

Die Tour führt weiter die Küste entlang nach **Panama City** (782 km), das mit 160 000 Einwohnern die drittgrößte Stadt im Panhandle ist. Aus touristischer Sicht hat sie nichts zu bieten, sie wird dominiert vom Hafen und der Holzindustrie.

Panama City Beach ⓟ

Karte Seite 84

Anders dagegen der Strandvorort Panama City Beach (789 km). Hier leben zwar nur 7500 Menschen, in der Hochsaison jedoch steigt diese Zahl leicht auf das Zehnfache. Mit seinen schneeweißen Stränden ist er der beliebteste Urlaubsort Nordfloridas.

Mittelpunkt des Amüsements ist der parallel zum Strand verlaufende **Miracle Strip** mit Restaurants, Minigolfplätzen, Cafés, Bars und Diskotheken. Hier liegen der Wasser-Vergnügungspark **Shipwreck Island** (12201 Middle Beach Rd.) sowie das **Museum of Man in the Sea** (17314 Panama City Beach Pkwy.), das sich der Geschichte des Tauchens widmet.

Zu Ostern erlebt der Ort den Spring Break, ein mehrtägiges Studentenfest mit viel Alkohol und lauter Musik, zu dem Tausende Besucher anreisen.

Tour 5 Der Panhandle

Am Miracle Strip in dem beliebten Strandort Panama City Beach

Spinnaker Club, 8795 Thomas Dr., Tel. 850/234-7892, www.spinnakerbeachclub.com. Riesiger Beachclub der jungen Urlauberszene – mit Volleyball am Strand, lauter Musik und viel Bier.

Doch Panama City Beach bietet nicht nur Fun und Action. Um die weißen Dünen in Ruhe zu erleben, können Sie in der *St. Andrews State Recreation Area am Strand wandern. Boote verkehren vom Ende des Thomas Dr. halbstündlich nach Shell Island, einer gut 10 km langen unbesiedelten Insel vor der Bucht von Panama City.

Panama City Beach Convention & Visitors Bureau, P. O. Box 9473, Panama City Beach, Tel. 850/233-5070, www.thebeachloversbeach.com

Marriott's Bay Point Resort, 4200 Marriott Dr., Tel. 850/236-6000, www.marriottbaypoint.com. Großes, luxuriöses Ferienhotel mit Privatstrand und zwei hervorragenden Golfplätzen. ○○○

■ **Resort World Realty,** 6104 Thomas Dr., Tel. 850/234-1418, www.resortworldrentals.com. Vermittlungsagentur für Ferienhäuser und -apartments in der ganzen Region. ○–○○○
■ **Sunset Inn,** 8109 Surf Dr., Tel. 850/234-7370, www.sunsetinnfl.com. Sauberes Motel direkt am Strand. ○

The Boatyard, 5323 N. Lagoon Dr., Tel. 249-9273. Frischer Fisch, coole Musik, eiskalte Margaritas und gute Lage am Jachthafen. ○○
■ **Boar's Head,** 17290 Front Beach Rd., Tel. 234-6628. Steaks und Seafood in großen Portionen zu zivilen Preisen. ○

Seaside und Fort Walton Beach

Von Panama City folgt der Hwy. Alt 98 der Küste in Richtung Westen. Die weißen Strände hier zählen zu den schönsten Floridas. Leider wurde von hier westwärts bis Pensacola die Region im Herbst 2004 von Hurrikan Ivan schwer getroffen.

Orlando → *Tallahassee → Apalachicola → *Pensacola   Tour 5

Seaside, ein Feriendorf in sanften Pastelltönen

Mittagsschlaf im warmen weißen Sand

Bei **Seaside** ⓪, einem hübschen, mehrfach mit Architekturpreisen bedachten Feriendorf in sanften Pastelltönen, lohnt sich ein Abstecher ins Hinterland: Nach 5 km auf der SR 395 erreicht man bei Port Washington den **Eden State Park,** eine üppige Gartenanlage mit altem Herrenhaus und herrlichen Eichen.

🏠 **Josephine's Inn,** 38 Seaside Avenue, Tel. 850/231-1940, www.josephinesfl.com. Eleganter Country-Inn im typischen Stil von Seaside: eine viktorianisch gestylte Villa mit Blick auf den Golf. ○○○○

DIn **Fort Walton Beach** ⓪ (879 km) lohnt sich ein Stopp im **Indian Temple Mound Museum** (139 Miracle Strip Pkwy.), das sich der indianischen Geschichte der Region widmet. Nördlich des Ortes liegt an der SR 85 einer der größten Luftwaffenstützpunkte der USA, die **Eglin Air Force Base.** Im angeschlossenen Museum sind Flugzeuge der Luftwaffe ausgestellt.

Westlich von Fort Walton Beach ist die schmale, lang gestreckte Insel **Santa Rosa** der Küste vorgelagert. Am äußersten Westende der Insel steht das restaurierte **Fort Pickens,** eine sternförmige Befestigungsanlage von 1829, die zusammen mit dem gegenüberliegenden Fort Barrancas im amerikanischen Bürgerkrieg die Einfahrt zum Hafen von Pensacola bewachte (Ausstellungen, Führungen).

*Pensacola ⓪

(950 km; 440 000 Einw.). Diese spanische Gründung (1759) ist eine der schönsten Städte des Panhandle und gilt nach St. Augustine als die zweitälteste Stadt der USA.

Zentrum ist der denkmalgeschützte **Seville Historic District,** in dem viele stilvoll restaurierte Häuser aus dem 19. Jh. erhalten blieben. Einige der Häuser sowie drei Museen sind im *****Historic Pensacola Village** (Tel. 850/595-5985) um die Tarragona und Zaragoza Streets zu besichtigen.

Die Geschichte der Stadt, die nacheinander von Spaniern, Franzosen, Engländern und Konföderierten besetzt war, ist im **Pensacola Historical Museum** (115 E. Zaragoza St.) dokumentiert. Die Konföderierten hatten sich während des Bürgerkriegs im **Fort Barrancas** eingenistet, das man auf

5 Karte Seite **84**

95

Tour 5 Der Panhandle

dem Gelände der heutigen US Naval Air Station besuchen kann.

Sehenswert ist das ***National Museum of Naval Aviation** des Marinestützpunktes, mit über 170 Flugzeugen eines der größten Luftfahrtmuseen Amerikas.

i **Pensacola Convention and Visitor Information Center,** 1401 E. Gregory St., Tel. 850/434-1234, www.visitpensacola.com

New World Landing, 600 S. Palafox St., Tel. 850/432-4111, www.newworldlanding.com. Kleines Hotel in der Innenstadt mit hübschem Innenhof und gutem Restaurant. ◯◯

Flounders Chowder House, 800 Quietwater Beach Rd., Pensacola Beach, Tel. 932-2003. Gutes Fischlokal direkt am Hafen, abends Live-Musik. ◯◯
Jerry's Cajun Cafe, 6205 N. 9th Ave., Tel. 484-6962. Gumbo, Crawfish und andere New-Orleans-Spezialitäten; etwas außerhalb. ◯–◯◯

Von Pensacola aus kann man nun entweder über Mobile, Alabama, weiterfahren nach New Orleans (340 km von Pensacola; s. Polyglott on tour »USA – Der Osten«), oder man kehrt über die I-10 nach Osten zurück.

Bei Marianna (1158 km) lohnt sich ein Abstecher zum **Florida Caverns State Park,** wo ein System von Tropfsteinhöhlen im Rahmen einer Führung begangen werden kann. Auch Paddeltouren auf dem Chipola River sind möglich, einem der besten Gewässer für Kanuten in Florida.

Über Tallahassee (1264 km) und die I-75 geht es zurück nach Orlando (1711 km).

Infos von A–Z

Ärztliche Versorgung
Die medizinische Versorgung in den USA ist ausgezeichnet. Allerdings müssen Leistungen der Ärzte und Krankenhäuser sofort in bar oder mit Kreditkarte bezahlt werden, denn ausländische Besucher werden immer als Privatpatienten behandelt. Da die Kosten mitunter sehr hoch sein können, ist der Abschluss einer privaten Reisekrankenversicherung dringend zu empfehlen. Auskunft erteilen die Reisebüros und die Privatkassen.

Bei der Einnahme von Medikamenten (auch der »Pille«) sollte man die Zeitverschiebung beachten. Viele Medikamente, die zu Hause rezeptfrei sind, sind in den USA rezeptpflichtig. Es ist sinnvoll, für ständig benötigte Medikamente eine Rezeptkopie mitzubringen, damit ein Arzt in den USA nötigenfalls Nachschub verschreiben kann. Apotheken *(pharmacy)* sind in den Geschäftsstraßen der Innenstädte zu finden, in Vororten meist innerhalb der »Drugstores« in den Shopping Malls.

Alkohol
Teilweise recht strenge *liquor laws* regeln den Ausschank und Verkauf von Alkohol. So ist es zum Beispiel strafbar, Alkohol im Auto zu trinken, offene Flaschen müssen in den Kofferraum. Grundsätzlich dürfen in Florida alkoholische Getränke (auch Bier) nur an Erwachsene über 21 Jahre verkauft werden – eine Ausweiskontrolle ist in den Bars durchaus üblich. Bier und Wein sind in Lebensmittelläden zu erhalten, härtere Sachen werden nur in speziellen *liquor stores* verkauft. Wenn Sie im Restaurant Wein trinken möchten, sollten Sie darauf achten, dass es eine Lizenz *(license)* hat.

Behinderte

Die Vereinigten Staaten sind ein sehr behindertenfreundliches Reiseland. Überall gibt es Aufzüge, Rampen für Rollstuhlfahrer, besondere Parkplätze *(handicapped parking)* und in sämtlichen öffentlichen Gebäuden auch behindertengerechte Toiletten. Bei allen größeren Mietwagenfirmen (z. B. Alamo, Avis, Hertz) kann man auf Anfrage einen Leihwagen mit Handbetrieb reservieren. Nahezu jedes Ferienhotel und auch die größeren Motels besitzen zumindest einige behindertengerechte Zimmer.

Diplomatische Vertretungen

Botschaften der USA befinden sich in Bonn, Wien und Bern, Konsulate in Berlin, Frankfurt/M., Hamburg, München, Stuttgart, Salzburg und Zürich. Die Botschaften Deutschlands, Österreichs und der Schweiz liegen sämtlich in Washington, D. C. Bei Passverlust und anderen Notfällen in Florida wendet man sich am besten an folgende Adressen:

▎Deutsches Generalkonsulat,
100 N. Biscayne Blvd., Miami,
FL 33132, Tel. 305/358-0290,
Fax 358-0307, www.miami.diplo.de
▎Österreichisches Honorarkonsulat,
1454 N.W. 17th Ave., Suite 200,
Miami, FL 33125, Tel. 305/325-1561,
Fax 885-2236
▎Schweizer Konsulat,
825 Brickell Bay Dr., Suite 1450,
Miami, FL 33131, Tel. 305/377-6700,
Fax 377-9936

Einkaufen

In den Läden der Tankstellen und in den weitverbreiteten »Circle-K-Stores« entlang der Highways findet man allen nötigen Reisebedarf, kleine Snacks und kalte Getränke. Das eigentliche Shopping aber findet in den Malls statt, riesigen, meist überdachten und klimatisierten Einkaufspassagen, die oft an die 150 Warenhäuser und Boutiquen beherbergen. Freizeitkleidung, Jeans und Sportartikel werden hier in großer Auswahl angeboten – jeweils der neuesten Mode entsprechend. Sehr beliebt sind Baseball-Mützen und T-Shirts mit den klassischen Disney-Figuren bedruckt, ebenso bunte Muscheln, die man v. a. an den Stränden der Westküste selbst sammeln kann. Doch Vorsicht: Die in den zahlreichen Muschelläden angebotenen Stücke kommen oft gar nicht aus Florida, und viele Muschelarten – wie

Maße und Temperatur

Länge

1 inch (in.) = 2,54 cm
1 foot (ft.) = 12 inches = 30,48 cm
1 yard (yd.) = 3 feet = 91,44 cm
1 mile (mi.) = 1,609 km

Volumen

1 gill (gl.) = 0,118 Liter
1 pint (pt.) = 4 gills = 0,473 Liter
1 quart (qt.) = 2 pints = 0,946 Liter
1 gallon (gal.) = 4 quarts = 3,785 Liter

Gewicht

1 ounce (oz.) = 28,35 g
1 pound (lb.) = 16 ozs. = 453,6 g
1 stone (st.) = 14 lbs. = 6,35 kg
1 quarter (qr.) = 25 lbs. = 11,339 kg
1 hundredweight = 4 qrs. = 45,359 kg
1 ton(t) = 2000 lbs. = 907 kg

Temperatur

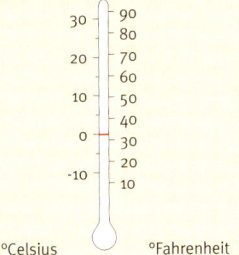

°Celsius	°Fahrenheit
30	90
	80
20	70
	60
10	50
	40
0	30
	20
-10	10

auch Krokodil- oder Schlangenlederartikel – sind durch das Washingtoner Artenschutzabkommen für die Einfuhr in Deutschland verboten.

Einreise
Touristen aus Deutschland, Österreich und der Schweiz benötigen für die Einreise einen noch mindestens für die Dauer der Reise gültigen Pass, jedoch kein Visum, wenn ihr Aufenthalt nicht 90 Tage überschreitet und sie ein gültiges Rückflugticket vorweisen. Vorgeschrieben ist ein maschinenlesbarer Pass (roter EU-Pass; s. auch www.auswaertiges-amt.de) mit einem digitalen, also eingedruckten Foto.

Ab Oktober 2006 müssen neue Pässe biometrische Daten enthalten. Dies ist für Deutschland bis Herbst 2006 geplant. Erfolgt die Umstellung nicht, ist für neu ausgestellte Pässe ab Oktober 2006 zur Einreise in die USA ein Visum erforderlich. Ebenfalls ein Visum benötigt, wer länger als 90 Tage in den USA bleiben will. Visa werden nur nach persönlicher Vorstellung in der zuständigen Botschaft oder im Konsulat im Heimatland erteilt (Anmeldung einige Wochen vorab nötig).

Es ist von Vorteil, wenn man dem Grenzbeamten (Immigration Officer) bei der Einreise zusätzliche Dokumente wie z. B. Rückflugticket, Hotelbuchung, Einladung etc. vorweisen kann.

Elektrizität
110 Volt Wechselstrom. Für mitgebrachte elektrische Geräte (Fön, Rasierapparat) ist ein Zwischenstecker erforderlich, den man sich am besten schon zu Hause besorgt.

Feiertage
- New Year's Day (1. Jan.);
- Martin Luther King Day (3. Montag im Jan.)
- Presidents' Day (3. Montag im Feb.)
- Memorial Day (Heldengedenktag, letzter Montag im Mai)
- Independence Day (Tag der Unabhängigkeit, 4. Juli)
- Labor Day (Tag der Arbeit, 1. Montag im Sept.)
- Columbus Day (2. Montag im Okt.)
- Veterans' Day (Soldatengedenktag, 11. Nov.)
- Thanksgiving Day (Erntedankfest, 4. Donnerstag im Nov.)
- Christmas Day (25. Dez.).

Darüber hinaus gibt es noch regionale Feiertage. Fällt ein Feiertag auf einen Sonntag, so ist meist der folgende Montag frei. An den langen Wochenenden von Memorial Day und Labor Day unternehmen viele Amerikaner einen Kurzurlaub, man sollte daher für diese »Holiday Weekends« die Unterkunft schon vorab buchen.

Barbusig am Strand

Im puritanischen, familiensinnigen Amerika gibt man sich an den Stränden meist sehr prüde: Gewagte Bikinis und knappe Badehosen sind zwar durchaus gern gesehen, aber zumeist tragen sogar die Herren bermudashortlange Badehosen. Oben ohne zu bräunen ist verpönt, FKK nur in einigen wenigen Privat-Clubs erlaubt. An den etwas kosmopolitischeren Stränden wie etwa in Miami hat sich allerdings mittlerweile durchgesetzt, dass oben ohne geduldet wird. Überall sonst und besonders in ländlichen Regionen sieht sich, wer nahtlose Bräune sucht, schnell mit den staatlichen Ordnungshütern konfrontiert.

An den großen staatlichen Feiertagen sind meist nur Behörden, Büros, manche Museen und die Postämter geschlossen. Läden und Shopping Malls bleiben geöffnet und bieten oft sogar Sonderverkäufe.

Geld und Währung
Die Währungseinheit ist der Dollar ($) = 100 Cents (¢). Den aktuellen Wechselkurs erfragen Sie am besten bei der Bank (Richtwert: 1 $ = ca. 1,20 €; Stand: April 2006).

Im Umlauf sind derzeit folgende Münzen: Penny (1 Cent), Nickel (5 Cents), Dime (10 Cents) und Quarter (25 Cents). Half-Dollar- und 1-Dollar-Münzen sind sehr selten. Banknoten gibt es im Wert von 1, 2, 5, 10, 20, 50 und 100 Dollar.

Da alle amerikanischen Banknoten gleich groß und von gleicher grünlicher Farbe sind, kann es besonders am Anfang einer Reise zu Verwechslungen kommen. Man sollte einen kleinen Vorrat an Quarters horten. Man braucht sie zum Telefonieren, für Parkuhren, Getränkeautomaten etc.

Die Ein- und Ausfuhr von Fremd- und Landeswährung ist keinen Beschränkungen unterworfen, allerdings muss man bei der Ein- und Ausreise eine Deklaration ausfüllen, wenn man mehr als 10 000 $ mit sich führt.

Für die Reisekasse empfiehlt sich die Mitnahme einer Kreditkarte (u. a. Visa, Eurocard) und Dollar-Reiseschecks sowie ein kleiner Barbetrag in Dollar. Dollar-Reiseschecks werden wie Bargeld akzeptiert, und man erhält das Wechselgeld in bar zurück. Kreditkarten werden nahezu überall angenommen; man erspart sich bei der Automiete die Hinterlegung einer Kaution, im Hotel eine Vorauszahlung, und bei Notfällen, etwa einem Krankenhausaufenthalt, ist man kreditwürdig.

Europäische Währungen werden nur an den Flughäfen, in einzelnen Wechselstuben großer Städte und in den großen Hotels umgetauscht – allerdings meist zu einem schlechten Kurs. Mit der ec/Maestro-Karte können Sie an den meisten Bankautomaten Bargeld abheben.

Informationen
Karten, Unterkunftsverzeichnisse und Veranstaltungskalender versendet auf Fax- oder E-Mail-Anfrage hin die Vertretung Floridas in Deutschland:
▪ **Florida Versandhaus,**
c/o PELA Touristikservice,
Postfach 1227, 63798 Kleinostheim,
Fax 0 60 27/9 79 69 82,
FloridaInfo@t-online.de,
www.visitflorida.travel/deutsch

Eigene Büros in Deutschland, die Besucher mit speziellen Informationen über ihre Region oder Stadt versorgen, unterhalten u. a.:
▪ **Florida Keys & Key West,** c/o Get it across, Neumarkt 33, 50667 Köln, Tel. 02 21/2 33 64 51, Fax 2 33 64 50.
▪ **Greater Miami Convention & Visitors Bureau,** c/o Pela Touristikservice, Postfach 1227, 63798 Kleinostheim, Fax 0 60 27/57 48.
▪ **Orlando Tourism Bureau,**
Angelbergstr. 7, 56076 Koblenz,
Tel. 08 00/10 00 73 25 oder
02 61/9 73 06 73, Fax 9 73 06 74.
▪ **Palm Beach County Convention & Visitors Bureau,** Scheidswaldstr. 73, 60358 Frankfurt/M.,
Tel. 0 69/25 53 82 60, Fax 25 53 81 00.
▪ **Fremdenverkehrsamt Fort Lauderdale,** c/o Mangum Management, Herzogspitalstr. 5, 80331 München, Tel. 0 89/23 66 21 63, Fax 23 66 21 99.
▪ **Floridas Nordosten,**
c/o TravelMarketing Romberg, Schwarzbachstr. 32, 40822 Mettmann, Tel. 0 21 04/ 28 66 72, Fax 91 26 73.

■ **Fort Myers/Lee Island Coast Visitors Bureau,** c/o Vera Sommer Touristik, Würzburger Str. 20, 63739 Aschaffenburg, Tel. 0 60 21/ 32 53 03, Fax 32 53 02
■ **St. Petersburg / Clearwater Convention & Visitors Bureau,** c/o Schuch-Beckers Touristic Services, Alt Erlenbach 25, 60437 Frankfurt/M., Tel. 0 61 01/4 40 52, Fax 45 24

Vor Ort helfen die Chamber of Commerce oder – in größeren Städten – das Convention & Visitors Bureau mit Stadtplänen und Auskünften weiter. Sehr hilfsbereit sind auch die Rangers in den Visitor Centers der State und National Parks (gute Tips für Wanderungen, Karten etc.).

Internet/E-Mail

Viele Hotels bieten Internetzugang, teils sogar über den Fernseher im Zimmer, für etwa 10-15 $ pro Tag. Günstiger zum schnellen E-Mail-Abfragen sind die zahlreichen Webcafés (ca. 2 $ je 10 Minuten).

Notruf

In ganz Floridas kann man über die gebührenfreie Notrufnummer »911« oder den Operator »0« in allen Notfällen rund um die Uhr Hilfe rufen. Je nach Sachlage werden Polizei, Feuerwehr oder Notarzt geschickt.

Falls Sie sich in einer Notlage Geld von zu Hause nachsenden lassen müssen, so können Sie das über die Telegrafengesellschaft »Western Union« (in Deutschland vertreten durch die Postbank) veranlassen, die meist innerhalb von 24 Stunden telegrafische Überweisungen ausführt.

Öffnungszeiten

Die meisten Geschäfte sind Montag bis Samstag von 9 oder 10 Uhr morgens bis 18 Uhr geöffnet, die Shopping Malls von 10 bis 19 Uhr sowie von Donnerstag bis Samstag auch bis 21 Uhr und sonntags von 12 bis 17 Uhr. Einige Restaurants und Lebensmittelläden halten ihre Türen oft sieben Tage die Woche rund um die Uhr offen. Banken sind in Florida im Allgemeinen von 9 bis 15 Uhr, Museen von 10 bis 16 Uhr geöffnet und häufig montags geschlossen. Am Sonntag öffnen viele Museen erst gegen Mittag. Die großen Vergnügungsparks und Ozeanarien haben dagegen täglich mindestens bis 18 Uhr, an Wochenenden und in der Hochsaison bis 21 Uhr oder gar bis Mitternacht geöffnet.

Post

Postämter sind meist Montag bis Freitag 8 bis 18 Uhr geöffnet, samstags 8 bis 12 Uhr. Briefmarken erhält man auch häufig in Souvenirläden, an der Hotelrezeption oder an den kleinen Postschaltern in manchen Supermärkten. Die Beförderungszeit für eine Karte in die Heimat beträgt etwa 5 bis 7 Tage. Wichtige Post oder Pakete können Sie auch mit den privaten Diensten »Federal Express« oder »UPS« befördern lassen.

Sicherheit

Florida gehört in den USA zu den Staaten mit hoher Verbrechensrate. Während die Strandregionen im Allgemeinen sicher sind, sollten Sie besonders im Gebiet um den Flughafen von Miami sehr vorsichtig sein. Studieren Sie vorab eine Straßenkarte und legen Sie ihren Flug so, dass Sie nicht nachts ankommen. Bei einem – eventuell vorgetäuschten – Unfall fahren Sie am besten bis zur nächsten Tankstelle weiter und alarmieren die Polizei. Allgemein gilt wie überall in den USA: Fahren Sie nicht nachts durch schlecht beleuchtete, ärmere Wohnviertel, bleiben Sie auf belebten Straßen und lassen Sie nichts im geparkten Auto liegen.

Steuer

Die Mehrwertsteuer, genannt *sales tax*, ist in den USA nie im ausgeschilderten Preis oder auf der Speisekarte enthalten, sondern wird erst beim Bezahlen an der Kasse des Geschäftes, Restaurants oder Hotels hinzuaddiert. In ganz Florida gilt eine Verkaufssteuer von 6 %, einzelne Bezirke und Städte dürfen noch Zusatzsteuern von bis zu 1 % erheben.

Telefon

Telefonzellen findet man in allen Restaurants, Hotels und an den meisten Tankstellen. Ortsgespräche *(local calls)* sind völlig problemlos: Hörer abheben, 25–35 ¢ einwerfen und die (immer siebenstellige) Nummer wählen. In Großstädten mit mehreren Vorwahlen muss vorab der jeweils dreistellige »area code« gewählt werden. Die örtliche Auskunft erreicht man unter der Nummer »411«. Für Ferngespräche *(long-distance calls)* wählt man »1« und die dreistellige Vorwahlnummer. Auch Auslandsgespräche *(overseas calls)* kann man direkt führen. Vorwahl: Deutschland 0 11 49, Österreich 0 11 43, Schweiz 0 11 41 – dann Ortsvorwahl ohne die erste Null, dann die Teilnehmernummer. Bei allen Fragen hilft das »Fräulein vom Amt« unter der »0«.

Europäische Tribandhandys funktionieren in Florida – allerdings gegen oft horrende Gebührenaufschläge (erkundigen Sie sich beim Handybetreiber). Daher ist es preiswerter, Ferngespräche über eine amerikanische Telefonkarte abzuwickeln (prepaid phone card, erhältlich an Zeitungsständen). Dann kostet die Gesprächsminute nach Europa im günstigsten Fall nur 3–10 Cents. Eine weitere Besonderheit in den USA sind die kostenlosen 1-800-, 866-, 877- oder 888-Nummern, über die man bei Hotels, Fluggesellschaften oder Autovermietern Reservierungen tätigen kann.

Trinkgeld

In den Restaurants ist das Bedienungsgeld nicht im Preis inbegriffen. Daher lässt man etwa 15 % des Rechnungsbetrages als »tip« am Tisch liegen oder zählt sie auf dem Kreditkartenbeleg hinzu – eine Summe, die nicht als Trinkgeld zu verstehen ist, sondern als Lohn für die Bedienung. Dem Kofferträger gibt man 1–2 $ je Gepäckstück. Dem Zimmermädchen lässt man bei der Abreise 1–2 $ pro Aufenthaltstag im Zimmer liegen.

Zeit

Im größten Teil Floridas gilt die Eastern Standard Time, die gegenüber der Mitteleuropäischen Zeit um 6 Stunden zurückliegt (MEZ minus 6 Std.). Die Region des Panhandle westlich von Tallahassee liegt in der Zone der Central Time (MEZ minus 7 Std.). Von Anfang April bis Ende Oktober ist wie in Europa Sommerzeit *(daylight saving time)*, d. h. die Uhren werden um eine Stunde vorgestellt.

Zoll

Alle Gegenstände für den persönlichen Gebrauch können zollfrei eingeführt werden. Zollfrei sind ferner 200 Zigaretten oder 50 Zigarren oder 2 Kilo Tabak sowie 1 Liter alkoholische Getränke und Geschenke im Wert von 100 $. Blumen und frische Lebensmittel aus tierischen und pflanzlichen Erzeugnissen (Obst, Wurst) dürfen nicht eingeführt werden. Für die Wiedereinreise ins Heimatland ist zu beachten, dass Geschenke den Wert von 175 € bzw. 300 CHF nicht übersteigen dürfen.

Mini-Dolmetscher Amerikanisches Englisch

Allgemeines

Guten Morgen.	Good morning. [gud **mohr**ning]
Guten Tag. (nachmittags)	Good afternoon. [gud äfter**nuhn**]
Hallo!	Hi! [hai]
Wie geht's?	How are you? [hau ahr‿ju]
Danke, gut.	Fine, thank you. [**fain**, θänk‿ju]
Ich heiße ...	My name is ... [mai **nehm**‿is]
Auf Wiedersehen.	Bye-bye. [baibai]
Morgen	morning [**mohr**ning]
Nachmittag	afternoon [äfter**nuhn**]
Abend	evening [**ihw**ning]
Nacht	night [nait]
morgen	tomorrow [tu**morr**oh]
heute	today [tu**deh**]
gestern	yesterday [**jest**erdeh]
Sprechen Sie Deutsch?	Do you speak German? [du‿ju spihk **dseh**öhrmən]
Wie bitte?	Pardon? [**pahr**dn]
Ich verstehe nicht.	I don't understand. [ai **dohnt** anderständ]
Würden Sie das bitte wiederholen?	Would you repeat that please? [wud‿ju ri**piht** ðät, **plihs**]
bitte	please [**plihs**]
danke	thank you [**θänk**‿ju]
Keine Ursache.	You're welcome. [johr **wäll**kamm]
was / wer / welcher	what / who / which [wott / huh / witsch]
wo / wohin	where [**wäär**]
wie / wie viel	how / how much [hau / **matsch**]
wann / wie lange	when / how long [wänn / hau **long**]
Wie heißt das?	What is this called? [**wott**‿is ðis **kohld**]
Wo ist ...?	Where is ...? [**wäär**‿is ...]
Können Sie mir helfen?	Can you help me? [**kän**‿ju **hälp**‿mi]
ja	yes [jäss]
nein	no [noh]
Entschuldigen Sie.	Excuse me. [iks**kjuhs** mi]

Sightseeing

Gibt es hier eine Touristeninformation?	Is there a tourist information? [is‿ðər‿ə **tua**rist infərmehschn]
Haben Sie einen Stadtplan / ein Hotelverzeichnis?	Do you have a city map / a list of hotels? [du‿ju häw‿ə ßiti mäpp / list‿əw hoh**täll**s]
Welche Sehenswürdigkeiten gibt es hier?	What are the local sights? [**wott**‿ahr ðə **lohk**l ßaits]
Wann ist ... geöffnet?	When are the opening hours of ...? [**wänn**‿ahr ði **ohp**ning auers əw ...]
das Museum	the museum [ðə mjusihəm]
die Kirche	the church [ðə **tschöhr**tsch]
die Ausstellung	the exhibition [ði egsi**bisch**n]
Wegen Restaurierung geschlossen.	Closed for restoration. [**klohsd** fər räßtə**reh**schn]

Shopping

Wo gibt es ...?	Where can I find ...? [**wäär** kən‿ai faind ...]
Wie viel kostet das?	How much is this? [**hau**‿matsch is‿ðis]
Das ist zu teuer.	This is too expensive. [ðis‿is **tuh** iks**pänn**ßiw]
Das gefällt mir (nicht).	I like it. / I don't like it. [ai **laik**‿it / ai **dohnt laik**‿it]
Gibt es das in einer anderen Farbe / Größe?	Do you have this in a different color / size? [du‿ju **häw**‿ðis in‿ə **diff**rənt kaller / ßais]
Ich nehme es.	I'll take it. [ail **tehk**‿it]
Wo ist eine Bank?	Where is a bank? [**wäär**‿is ə‿**bänk**]
Ich suche einen Geldautomaten.	I am looking for an ATM. [aim **luck**ing fər‿ən ätihem]
Geben Sie mir zwei Pfund (ca. 900 g) Pfirsiche / Tomaten.	Could I have two pounds of peaches / of tomatoes. [kud‿ai häw **tuh paunds**‿əw **pih**tschis / tə**mäi**tohs]
Haben Sie deutsche Zeitungen?	Do you have German newspapers? [du‿ju häw **dseh**öhrmən **nuhs**pehpers]
Wo kann ich telefonieren / mit meiner (Telefon-)Kreditkarte?	Where can I make a phone call / with my credit card? [**wäär** kən‿ai mehk‿ə **fohn**‿kohl / wið mai **krädit**‿kahrd]

102

Notfälle

Ich brauche einen Arzt / Zahnarzt.	I need a doctor / a dentist. [ai nihd‿ə dockter / ə dänntist]
Rufen Sie bitte einen Krankenwagen / die Polizei.	Please call an ambulance / the police. [plihs kohl ən‿ämmbjuləns / ðə pəlihs]
Wir hatten einen Unfall.	We've had an accident. [wihw häd ən‿äckBidənt]
Wo ist das nächste Polizeirevier?	Where is the nearest police station? [wäer‿is ðə niərəst pəlihs stehschn]
Ich bin bestohlen worden.	I have been robbed. [ai haw bihn robbd]
Mein Auto ist aufgebrochen worden.	My car has been broken into. [mai kahr həs bihn brohkən inntu]

Essen und Trinken

Die Speisekarte, bitte.	The menu please. [ðə männju plihs]
Brot	bread [bräd]
Kaffee	coffee [**koffi**]
Tee	tea [tih]
mit Milch / Zucker	with milk / sugar [wið‿**milk** / **schugg**er]
Orangensaft	orange juice [orrəndseh‿dsehuhs]
Mehr Kaffee, bitte.	Some more coffee please. [ßəm‿mohr **koffi** plihs]
Suppe	soup [ßuhp]
Fisch	fish [fisch]
Meeresfrüchte	seafood [ßihfud]
Fleisch	meat [miht]
Geflügel	poultry [**pohl**tri]
Beilage	sidedish [ßaid‿disch]
vegetarische Gerichte	vegetarian food [wädsehətäriən fud]
Salat	salad [ßäləd]
Dessert	dessert [disöhrt]
Obst	fruit [fruht]
Eis	ice cream [ais krihm]
Wein	wine [wain]
weiß / rot / rosé	white / red / rosé [wait / räd / rohseh]
Bier	beer [bir]
Aperitif	aperitif [əpärrətihf]
Wasser	water [**woh**der]
Mineralwasser	mineral water [**minn**rəl wohder]
mit / ohne Kohlensäure	sparkling / still [**spahr**kling / still]
Limonade	lemonade [lämmənehd]
Frühstück	breakfast [bräckfəst]
Mittagessen	lunch [**lann**tsch]
Abendessen	dinner [**dinn**er]
ein Imbiss	a snack [ə‿ßnäck]
Ich möchte bezahlen.	The check, please. [ðə **tscheck,** plihs]
Es war sehr gut / nicht so gut.	It was very good / not so good. [it‿wəs **wärri gud** / nott‿ßoh **gud**]

Im Hotel

Ich suche ein gutes / nicht zu teures Hotel.	I am looking for a good / not too expensive hotel. [aim **lucking** far‿ə **gud** / **nott** tu ickspännßiw **hohtäll**]
Ich habe ein Zimmer reserviert.	I have booked a room. [ai haw buckt ə ruhm]
Ich suche ein Zimmer für ... Personen.	I am looking for a room for ... persons. [aim **lucking** far‿ə **ruhm** far ... **pöhr**ßns]
Mit Dusche.	With shower. [wið **schau**ər]
Mit Balkon.	With a balcony. [wið‿ə **bälk**əni]
Ist das Zimmer mit Fernseher / Telefon?	Does the room have a television / telephone? [das ðə ruhm häv ə te**la**wischn / **te**ləfoun]
Wie viel kostet das Zimmer pro Nacht?	How much is the room per night? [**hau**‿matsch is ðə ruhm pər‿**nait**]
Mit Frühstück?	Including breakfast? [**in**kluhding **bräck**fəst]
Kann ich das Zimmer sehen?	Can I see the room? [kən‿ai ßih ðə ruhm]
Haben Sie ein anderes Zimmer?	Do you have another room? [du‿ju **häw** ənəðer ruhm]
Das Zimmer gefällt mir (nicht).	I like the room. / I don't like the room. [ai laick ðə ruhm / ai dohnt laick ðə ruhm]
Kann ich mit Kreditkarte bezahlen?	Do you accept credit cards? [du‿ju əckßäppt krädit‿kahrds]
Wo kann ich parken?	Where can I park the car? [**wäer** kən‿ai **pahrk** ðə kahr]
Können Sie das Gepäck in mein Zimmer bringen?	Could you bring the baggage to my room? [kud‿ju **bring** ðə **bägg**idsch tə‿mai **ruhm**]
Ich reise / Wir reisen morgen / heute ab.	I'm checking out / We're checking out tomorrow / today. [eim **tsch**eking aut / wihr **tsche**king aut təmarou / tədäi]
Die Rechnung bitte.	I'd like my bill, please. [eid leik mei bil pliehs]

Orts- und Sachregister

Ah-Tah-Thi-ki Museum 60
Alfred B. Maclay State Gardens 92
Amelia Island 27, 86
Anastasia State Recreation Area 83
Apalachicola 19, 24, 93

Bahia Honda Key 52 f.
Bevölkerung 17 f.
Big Cypress National Preserve 79
Big Pine Key 53
Bill Bags Cape Florida State Recreation Area 37
Biscayne National Park 49 f.
Blue Springs State Park 80
Boca Raton 27, 60
Bowman's Beach 8, 76
Briggs Nature Center 79
Buccaneer Bay 90

Caladesi Island 71
Camping 29
Canaveral National Seashore 66
Cape Canaveral 19, 20, 21, 48, 65 f.
Captiva Island 76 f.
Cedar Key 90
Charlotte Harbor 74
Clearwater Beach 8
Cocoa Beach 65
Corkscrew Swamp Sanctuary 79
Crystal River 7, 27, 90

Daytona Beach 8, 23, 80 f.
- Atlantic Avenue 82
- Boardwalk 82
- Daytona 500 23, 81
- Daytona International Speedway 80
- Daytona USA 81
- Ponce Inlet Lighthouse 82

Devil's Millhopper S. P. 87
Dolphin Research Center 52

Edward Ball Wakulla Springs State Park 92
Everglades 12, 15 ff.
Everglades N. P. 16, 27, 41

Feste und Veranstaltungen 23
Flagler Beach 82
Florida Caverns 96
Florida City 49
Florida's Silver Springs 88
Fort Lauderdale 6, 8, 9, 10, 23, 58 ff.
- Butterfly World 60
- International Swimming Hall of Fame 58
- Intracoastal Waterway 58
- Jungle Queen 58
- Museum of Discovery and Science 59
- Port Everglades 58
- Sawgrass Recreation Park 59 f.

Fort Myers 23, 74 ff.
- Bailey-Matthews Shell Museum 77
- Cape Coral 74
- Edison Home 74

Fort Myers Beach 8, 9, 10, 23, 75 f.
Fort Pierce 63 f.
Fort Pierce Inlet State Recreation Area 64
Fort Walton Beach 95

Gainesville 87 f.
Gasparilla Island 74
Gold Coast 57 ff.
Grayton Beach 9

Hollywood 58
Homestead 49
Homosassa Springs 90
Hurrikans 14, 21, 49
Hutchinson Island 8, 63

Indian River 64
Islamorada 52

J. N. »Ding« Darling Wildlife Refuge 76
Jack Island 64
Jacksonville 86
John Pennekamp Coral Reef State Park 51
John's Pass Village 71
Jugendherbergen 28 f.
Jupiter 63

Kennedy Space Center 66
Key Biscayne 9, 23, 27, 37
Key Largo 50 f.
Key West 10, 11, 22, 23, 53 ff.
- Ernest Hemingway Home 55
- Key West Aquarium 55
- Mallory Square 55
- Mel Fisher Maritime Heritage Society Museum 55
- Sloppy Joe's 55
- Southernmost Point 55

Kissimmee 23, 42, 46
Klima und Reisezeit 14 f.
Korallenriffe 15, 51

Little Torch Key 53
Looe Key 6, 26, 53

Manatis (Seekühe) 7, 15, 26, 37, 49, 80, 90
Manatee Springs S. P. 90
Marco Island 77
Marineland of Florida 82
Matecumbe Key 52
Melbourne 65
Merritt Island National Wildlife Refuge 66
Miami 10, 18, 22, 23, 32 ff.
- Barnacle State Historic Site 38

Register

- Bayfront Park 36
- Bayside Marketplace 36
- Biltmore Hotel 28, 38
- Brickell Avenue 36
- Calle Ocho 39
- Coco Walk 11, 38
- Coconut Grove 11, 32
- Coral Gables 32, 38
- Historical Museum of Southern Florida 36
- Little Havanna 32, 38, 39
- Metro-Dade-Cultural Center 36
- Metromover 36
- Miami Art Museum 36
- Miami Children's Museum 36
- Miami Seaquarium 37
- Parrot Jungle Island 36
- Villa Vizcaya 37

Miami Beach 10, 23, 34 ff.
- Art-déco-Viertel 32, 34
- Bass Museum 35
- Fontainebleau Hilton 36
- Holocaust Memorial 35
- Lincoln Road 32, 35 f.
- Ocean Drive 10, 32, 35

Myakka River S. P. 73

Naples 9, 77 f.
- Fifth Avenue 77
- Naples Pier 77
- Teddy Bear Museum 79
- Third Street 77
- Tin City 77

Ocala 88
Ocala National Forest 88
Orlando 22, 42 ff.
- Cypress Gardens Adventure Park 45
- Disney-MGM Studios 43
- Disney's Animal Kingdom 44
- Epcot Center 43
- Gatorland 46
- Holy Land Experience 45
- Islands of Adventure 45
- Magic Kingdom 43 f.
- Morse Museum 48
- RonJon Surfpark 45
- Sea World Orlando 45
- Splendid China 45
- Universal Studios 44
- Walt Disney World 21, 43
- Wasserparks 46
- Winter Park 48

Ormond Beach 80, 82
Overseas Highway 49, 50 ff., 56

Palm Beach 6, 9, 22, 23, 60 ff.
- Breakers 61
- Henry M. Flagler Museum 61
- Norton Museum of Art 61
- Worth Avenue 61

Panama City 93
Panama City Beach 93 f.
Panhandle 8, 12, 89 ff.
Pelican Island Wilderness 64
Pensacola 91, 95 f.
- Historic Pensacola Village 95
- National Museum of Naval Aviation 96
- Pensacola Historical Museum 95
- Seville Historic District 95

Pompano Beach 60
Ponte Vedra Beach 86

St. Augustine 20, 22, 83 ff.
- Alcazar Hotel 84 f.
- Castillo de San Marcos 83
- Cathedral of St. Augustine 84
- Colonial Spanish Quarter 83 f.
- Golf Hall of Fame 85
- Gonzales-Alvarez House 84
- Lightner Museum 85
- Oldest Store Museum 84
- Ponce de León Hotel 84
- St. George Street 83

St. Augustine Alligator Farm 83
St. Lucie Nuclear Power Plant 63
St. Petersburg 8, 21, 70 ff.
- Boca Ciega Bay 70 f.
- Don CeSar Hotel 71
- Florida International Museum 70
- Gulf Boulevard 70 f.
- Mote Aquarium 73
- Museum of History 70
- Pier 70
- Salvador Dalí Museum 70

Sanibel Island 9, 27, 76 f.
Sarasota 22, 72 ff.
- Asolo Center for the Performing Arts 72
- Marie Selby Botanical Garden 73
- Ringling Museum of Art 22, 73
- St. Armands Circle 72
- Van Wezel Hall 72

Seaside 95
Seven Mile Bridge 53
Shark Valley 27, 79
Strände 8 f.
Suncoast Seabird Sanctuary 71

Tallahassee 19, 21, 90 ff.
- Mission San Luis 91
- Museum of Florida History 90

105

- Old Capitol 90
- State Capitol 91
- Tallahassee Museum of History and Natural Science 91

Tamiami Trail 79
Tampa 21, 23, 67 ff.
- Busch Gardens 68
- Channelside 68
- Florida Aquarium 68
- Franklin Street Mall 68
- Harbor Island 68
- Henry B. Plant Museum 68
- Old Hyde Park Village 67
- Tampa Bay Hotel 68
- Ybor City 68

Tarpon Springs 71
Tauchen 6 f.
Ten Thousand Islands 79
Treasure Coast 64

US Astronaut Hall of Fame 66

Venice 9
Vero Beach 64

Wakulla Springs 13, 92
Walt Disney World 21, 42
Weeki Wachee 89 f.
West Palm Beach 56 f.
Wirtschaft 19

Personenregister

Aldrin, Edwin 65
Armstrong, Neil 65

Bishop, Elizabeth 22
Bogart, Humphrey 59 f.

Calusa-Indianer 67
Campbell, Sir Malcolm 80
Castro, Fidel 21, 34
Collins, John 34
Creek-Indianer 18, 21

Dalí, Salvador 21, 70
Deering, James 37
Disney, Walt 43 ff.
Dos Passos, John 22
Drake, Sir Francis 20

Edison, Thomas Alva 23, 74

Fitzgerald, F. Scott 65
Flagler, Henry 21, 34, 50, 52, 56, 61, 62, 83, 84
Ford, Henry 75
Frost, Robert 22

Gellhorn, Martha 22 f.
Graves, Michael 22, 47

Hemingway, Ernest 11, 22 f., 55

Isozaki, Arata 22, 35

Kennedy, John F. 70
Knott, William 91

Kubaner 18, 21, 32, 34, 39, 67, 68

Lauderdale, William 58

Marriott, Fred 81
Menéndez de Avilés, Pedro 20, 83
Merrick, George 38
Munroe, Commodore Ralph 38

Napoleon Bonaparte 21

Olds, Ransom E. 80
Osceola, Häuptling 21

Pennekamp, John 51
Plant, Henry B. 21, 67, 68
Ponce de León, Juan 20, 67, 83

Ringling, John 21, 73
Rubens, Peter-Paul 73
Russell, »Sloppy Joe« 22, 55

Seminolen 21, 63, 67, 79
Soto, Hernando de 91
Spitz, Mark 58

Tequesta-Indianer 34

Weissmuller, Johnny 58
Williams, Tennessee 22, 55
Winton, Alexander 80

POLYGLOTT mobile guide

hein neuer Reisebegleiter echt stark!

er POLYGLOTT mobile guide

Polyglott begleitet Sie zu über 40 Urlaubszielen weltweit ohne Extra-Gepäck, ganz einfach auf Ihrem Handy!

- einfach und schnell herunterladen – am besten vor dem Urlaub
- unbegrenzte Nutzung ohne Zusatzkosten überall und jederzeit
- einfache Bedienung
- top-aktuell mit den besten Tipps zu Sightseeing, Shopping, Nightlife, Hotels und Restaurants
- **Extra:** Langenscheidt Sprachführer
- Infos & mehr unter: **www.polyglott.de/mobile**

Urlaubskasse

Tasse Kaffee	1,50 €
Cola	2 €
Glas Bier	3–4 €
Hamburger	2–6 €
Kugel Eis	2,50 €
Taxifahrt (pro Km)	1,10–1,60 €
Mietwagen/Tag	35–40 €
1 l Normalbenzin bleifrei	0,50 €

www.polyglott.de

travelchannel.de
tested for happiness

**Polyglott im Internet: www.polyglott.de,
im Travel Channel unter www.travelchannel.de**

Alle Informationen stammen aus zuverlässigen Quellen und wurden sorgfältig geprüft. Für ihre Vollständigkeit und Richtigkeit können wir jedoch keine Haftung übernehmen.
Ergänzende Anregungen bitten wir zu richten an:
Polyglott Verlag, Redaktion, Postfach 40 11 20, 80711 München.
E-Mail: redaktion@polyglott.de

Impressum

Herausgeber: Polyglott-Redaktion
Autor: Karl Teuschl
Lektorat: Sabine von Loeffelholz
Layout: Ute Weber, Geretsried
Titelkonzept-Design: Studio Schübel Werbeagentur GmbH, München
Satz Special: Carmen Marchwinski, München
Karten und Pläne: Annette Buchhaupt
Satz: Schulz Bild + Text, Dagebüll

Komplett aktualisierte Auflage 2006/2007
© 2005 by Polyglott Verlag GmbH, München
Printed in Germany
Dieses Buch wurde auf chlorfrei gebleichtem Papier gedruckt.
ISBN-13:978-3-493-56855-4
ISBN-10: 3-493-56855-X